Marcello Martini

UN ADOLESCENTE IN LAGER

Ciò che gli occhi tuoi hanno visto

A cura di Elisabetta Massera

Prefazione di Alberto Cavaglion

Giuntina

Casa Editrice Giuntina, Via Mannelli 29 rosso, Firenze
www.giuntina.it

ISBN 978-88-8057-330-2

Indice

Prefazione

«12 giugno [1944]. Alle 13 arrivo di altri; tra i nuovi arrivati vi è Marcello, un ragazzo di 14 anni, prelevato da solo, senza nessun parente: lo adottiamo noi».

Così Leopoldo Gasparotto, nel suo diario di Fossoli. [1] Il quattordicenne di cui si parla, in uno dei più significativi diari sul campo di raccolta di Fossoli di Carpi, oggi finalmente venuto alla luce, è il Marcello Martini autore del libro di memorie che qui presentiamo e che giustamente è stato intitolato, come sarebbe piaciuto a Gasparotto, *Un adolescente in lager*.

In questi ultimi tempi le nostre conoscenze su Fossoli si sono arricchite di nuove fonti. E per taluni passaggi siamo in grado di andare ben oltre le sommarie conoscenze di pochi anni fa.

Il diario di Gasparotto, mirabilmente annotato da Mimmo Franzinelli, può essere adesso integrato in alcuni punti con i ricordi del giovane Marcello, adottato dai prigionieri più anziani, secondo modalità di protezione e affetto che ritroviamo in altre coppie di prigionieri (Belgiojoso-Facetti, ad esempio, ma anche lo stesso Levi e Steinlauf, se vogliamo risalire a *Se questo è un uomo*). Tali legami andrebbero un giorno indagati più sistematicamente per fare maggiore luce sui legami amicali fra deportati e specialmente fra generazioni di deportati che riproducono, nel mondo alla rovescia del lager, si potrebbe dire, il rapporto padre-figlio, o fratello maggiore-minore, in uno stile linguistico che è duale non solo nel senso della sintassi dei verbi.

---

[1] L. Gasparotto, *Diario di Fossoli*, a cura di M. Franzinelli, Torino, Bollati Boringhieri, 2007, p. 79.

Martini è un testimone importante in Piemonte. Molti studenti delle scuole torinesi hanno avuto la fortuna di ascoltarlo. Conserva inalterati i tratti della sua toscanità, nonostante il molto tempo trascorso in Piemonte. L'ho ascoltato varie volte parlare ai ragazzi e ne ho ammirato la spontaneità dello stile e la franchezza del pensiero, doti tipiche di ogni adolescenza «bloccata» da un trauma, riconoscibili in altri che furono deportati poco più che bambini. Il mondo salvato dai ragazzini non è solo una formula escogitata felicemente da Elsa Morante, ma è una categoria di cui gli storici della deportazione dovrebbero tenere conto, nel giusto conto.

È con grande soddisfazione mi presento questo libro, risultato di un lungo lavoro preparatorio, di cui ho seguito, grazie all'amica Elisabetta Massera, l'evolversi nelle sue diverse fasi. Ogni testimone ha bisogno dell'affetto di un curatore che in qualche modo adotti la sua testimonianza. Molto avevo ascoltato dalla viva voce di Marcello, ma il libro offre ulteriori informazioni sulla famiglia, sulle modalità dell'arresto legate alla storia – un vero romanzo di avventura – di una emissione radiofonica clandestina.

Mentre leggevo queste pagine ho avuto modo di rileggere un testo mal noto di Primo Levi, non compreso nei volumi delle *Opere* einaudiane a cura di Marco Belpoliti. Il breve testo uscì come prefazione a un catalogo di fotografie. La mostra si svolse nel 1987 a Trieste, per iniziativa dell'ANED (Associazione Nazionale ex Deportati Politici nei campi di sterminio nazisti) e del Comune di Trieste, Assessorato alle attività culturali con il patrocinio dei Civici Musei di Storia ed Arte. L'introduzione di Levi, deceduto nell'aprile di quell'anno, dunque uscì postuma. Il catalogo reca questo titolo: *Rivisitando i Lager*. È stato pubblicato nel 1987 proprio a Firenze, Idea Books Edizioni. Il catalogo comprende fotografie di Raymond Depardon (sul campo di Auschwitz), Jürgen Kahlert e Harald Nadolny (sul campo di Birkenau), Paola Mattioli (sulla Risiera di San Sabba), Bruno Fabello (sul campo di Mauthausen), Markus Hirth e Marion Schwanengel (sul campo di Majdanek).

Dico tutto questo – e mi scuso per la piccola divagazione – soltanto perché Levi riproduce in quella sua pagina una sensazione assai diffusa fra i reduci dai campi di sterminio, incluso naturalmente Martini: «In molte occasioni» scrive «ci siamo accorti di quanto poco servano le parole per descrivere la nostra esperienza. Funzionano male *per cattiva ricezione*, perché viviamo ormai nella civiltà dell'immagine, registrata, moltiplicata, teletrasmessa, ed il pubblico, in specie quello giovanile, è sempre meno propenso a fruire dell'informazione scritta; ma funzionano male anche per un motivo diverso, *per cattiva trasmissione*. In tutti i nostri racconti, verbali o scritti, sono frequenti espressioni quali *indescrivibile, inesprimibile, le parole non bastano a...*».

Cattiva trasmissione/cattiva ricezione. Il libro che qui presentiamo va letto tenendo presente questa dialettica, essenziale per ogni comunicazione (vale per l'ordinario come per l'estremo).

Nel caso di Marcello Martini la dualità Cattiva trasmissione/cattiva ricezione ha una valenza in più, legata alla modalità con cui il protagonista di questo libro finì incarcerato e fu poi deportato. Una modalità, direbbe Levi, «radiotrasmessa»: del suo arresto e della sua prigionia.

Come i migliori memorialisti italiani, Marcello Martini ha saputo rendere positiva quella dialettica malata. Lavorando alla radio antifascista clandestina con il padre ha saputo presto rendere buona la cattiva trasmissione cui il fascismo aveva costretto gli italiani e così molti anni dopo, elaborando le sue memoria con il distacco del tempo e della saggezza, ci ha saputo offrire una buona, onesta trasmissione dei suoi ricordi di prigioniero. Quando in origine la trasmissione è buona, consegue per il lettore una buona, anzi ottima ricezione.

Torino, luglio 2007 *Alberto Cavaglion*

Introduzione

Un'altra testimonianza di un sopravvissuto dell'universo concentrazionario nazista si traduce in testo scritto e si affida ai percorsi finalmente consolidati dell'informazione e della riflessione sul tema cruciale del Totalitarismo e della Deportazione, suo strumento privilegiato di controllo sociale e riassetto demografico.

La vicenda di Marcello Martini, deportato politico adolescente nel campo di concentramento e di sterminio austriaco di Mauthausen, non solo ci restituisce una vicenda individuale che fascismo e nazismo avrebbero voluto destinare all'annientamento e al conseguente oblio, ma consente di contestualizzare l'avvenimento della sua deportazione nell'ambito spazio-temporale ampio e complesso del suo svolgimento.

Il racconto del testimone segue un suo ritmo, un suo percorso di memoria, una necessità di coinvolgimento del lettore, che non tutto possono spiegare e chiarire.

Ma gli accenni, anche rapidi, contenuti nel testo alle vicende che precedettero e condussero alla cattura e alla deportazione, se in primo luogo ci permettono di riflettere sugli aspetti ovviamente singolari del vissuto e della soggettività dell'esperienza dell'ex deportato 76430, numero di matricola ricevuto all'atto della registrazione nel campo di Mauthausen, dall'altro consentono la sommaria ricostruzione degli avvenimenti che investirono il gruppo della Resistenza fiorentina di Radio CORA, e che nel loro epilogo determinarono la tragica vicenda della deportazione del giovanissimo partigiano Martini.

Il testimone ha conservato a distanza di oltre sessant'anni il proprio punto di vista, la propria percezione di adolescente di quanto accadeva intorno a lui, e così ci restituisce i fatti: questa infatti è l'interessante chiave di lettura di tutto il suo racconto, di «... ciò che gli occhi tuoi hanno visto...».

Ben più complesso fu lo svolgersi della vicenda di Radio CORA nella Toscana occupata.[1]

Tra il gennaio e il febbraio 1944 con la frase «L'Arno scorre a Firenze» trasmessa in codice a Radio Bari iniziava l'attività di Radio CORA, acronimo per Commissione Radio. I componenti del gruppo appartenevano all'organizzazione clandestina del Partito d'Azione fiorentino guidato da Tristano Codignola, Carlo Ludovico Ragghianti ed Enzo Enriques Agnoletti. Gli ispiratori del gruppo furono negli anni della dittatura Gaetano Salvemini, Carlo e Nello Rosselli, Ernesto Rossi, Nicola Traquandi e Piero Calamandrei. A capo della Commissione Radio era l'avvocato Enrico Bocci, il più anziano del gruppo, da sempre antifascista, collaboratore del giornale clandestino «Non Mollare» dei fratelli Rosselli; il gruppo annoverava tra i suoi componenti Carlo Ballario, fisico, Luigi Morandi, studente di Ingegneria, Italo Piccagli, capitano di aeronautica, Nicola Pasqualin e Renato Levi telegrafista, agenti di collegamento sbarcati dagli alleati sulle coste dell'Adriatico, Guido Focacci, pilota, Gianfranco Giardini, Carlo Campolmi e Gilda Larocca, segretaria dell'avvocato Bocci.

Il gruppo raggiunse un notevole grado di competenza che permise di ottenere grandi successi di carattere militare e nell'approvvigionamento, tramite aviolanci, alle formazioni partigiane; competenza coniugata con un forte senso etico, poiché l'obbiettivo primario nella trasmissione delle informazioni era di evitare danni e rappresaglie alla popolazione. La postazione radio dovette inoltre essere continuamente spostata per non essere individuata e per ovvie ragioni di sicurezza.

In una delle operazioni di lancio di aiuti da parte degli Alleati fu coinvolta la formazione partigiana guidata da Mario Martini, mag-

---

[1] Non potendo riferire per esteso sulle diverse fasi della Radio CORA (le vicende che hanno coinvolto Marcello Martini si riferiscono alla seconda fase) si veda: G. Larocca, *La radio CORA di piazza D'Azeglio e le altre due stazioni radio*, Firenze, La Giuntina, 2004; A. Morandi Michelozzi, *Le foglie volano. Appunti per una storia di libertà*, Firenze, La Nuova Europa Editrice, 1984; L. Tumiati Barbieri, *Enrico Bocci: una vita per la libertà,* Firenze, La Giuntina, 2006.

giore del Regio Esercito passato alla Resistenza dopo l'8 settembre, e padre di Marcello.[2]

Questa fu purtroppo l'ultima azione di radio CORA: infatti il 7 giugno 1944 i nazifascisti irruppero nell'appartamento di Piazza Massimo D'Azeglio 31 a Firenze, da cui Luigi Morandi stava trasmettendo, e dove era in corso una riunione del gruppo. Enrico Bocci, Guido Focacci, Gianfranco Gilardini, Carlo Campolmi, Gilda Larocca, Italo Piccagli furono arrestati e trasferiti a «Villa Triste» sede delle SS e della Banda Carità;[3] Luigi Morandi riuscì ad uccidere un tedesco, ma ferito a sua volta, morirà tre giorni dopo.

Bocci, Piccagli e Focacci furono torturati e seviziati. Il 9 giugno i nazifascisti catturarono la famiglia Martini sfollata a Montemurlo, presso Prato, ad eccezione del padre Mario che rocambolescamente riuscì a fuggire, ma la moglie e i figli Anna e Marcello furono tradotti alle Murate e a Santa Verdiana, carcere femminile a Firenze. Anche i quattro militari paracadutatisi con l'ultima operazione di Radio CORA furono catturati. Il 12 giugno a Cercina, sopra Trespiano, si consumò il tragico epilogo della vicenda per il sergente Pietro

---

[2] Mario Martini, padre di Marcello, fu figura importante del CLN di Prato; dopo la liberazione della Toscana ricoprì importanti incarichi nell'amministrazione della città e presso il Servizio di Informazioni Americano; riuscì a catturare i superstiti della Banda Carità e ritrovò il tesoro della Sinagoga di Firenze, trafugato dai componenti della stessa Banda Carità. I documenti relativi all'importante percorso politico di Mario Martini sono conservati presso l'Istituto Storico della Resistenza di Firenze, tra cui la trascrizione dell'intervista al maggiore Martini di Giovanna Bencistà, ricercatrice presso l'Istituto.

Per un inquadramento più generale delle vicende della Resistenza in Toscana si veda la voce *Toscana* in *Dizionario della Resistenza*, vol. I, Torino, Einaudi, 2001, pp. 455-464.

[3] La Banda Carità, comandata dal maggiore Carità, fu uno dei reparti di polizia speciale che operava autonomamente dalle autorità della Repubblica di Salò, ma collegata con il servizio di sicurezza tedesco; altri reparti simili, con compiti di feroce repressione del movimento partigiano e dei suoi fiancheggiatori, furono la Banda Koch, la X Mas, la Muti e la Nembo. Il reparto di Carità nacque a Firenze, con sede a Villa Triste; dopo il luglio 1944 si trasferì a Rovigo e poi a Padova, dove operò con particolare ferocia.

Si veda *Dizionario della Resistenza*, II vol., Torino, Einaudi, 2001, pp. 414-416. Si consiglia inoltre M. Griner, *La Banda Koch, il Reparto speciale di polizia 1943-44*, Torino, Bollati Boringhieri, 2000, innovativa ricerca sugli apparati repressivi del fascismo.

Per l'epilogo delle vicende e dei processi alla Banda Carità si veda M. Franzinelli, *L'amnistia Togliatti*, Milano, Mondadori, 2006.

Gergo, per il caporale Dante Romagnoli, per il soldato Ferdinando Pomerai e per Fiorenzo Franco radiotelegrafista, per un ignoto partigiano cecoslovacco, per Anna Maria Enriques Agnoletti, esponente del Partito Cristiano-Sociale clandestino, orrendamente seviziata, e per Italo Piccagli: tutti furono fucilati. Anche Enrico Bocci morì per le conseguenze delle terribili torture subite, ma il suo corpo non fu mai ritrovato: rimane di lui un monumento a Trespiano, nel Quadrato Rosselli, dove furono sepolti altri esponenti del «Non Mollare». Tutti gli altri componenti del gruppo, ad eccezione delle madri e delle sorelle di Marcello e di Luigi Morandi che furono liberate dal carcere da un'azione partigiana prima dell'arrivo degli Alleati a Firenze, furono avviati al Campo di Transito di Fossoli,[4] e successivamente al KZ di Mauthausen. Durante il trasferimento Gilda Larocca riuscì a fuggire e riprese a lavorare nella Resistenza a Milano e a Bologna.

La vicenda di Marcello si inserisce quindi in quel complesso e fosco quadro di avvenimenti che fu la Resistenza, lotta di Liberazione e guerra civile, che vede fino all'epilogo delle vicende belliche manifestarsi la forza brutale della macchina della repressione fascista e nazista che non risparmia nulla e nessuno, in un totale stravolgimento dei valori dell'etica civile, che animavano invece i gruppi dei resistenti. La memoria dell'adolescente Marcello ci restituisce tutta l'ingenuità e lo stordimento di un ragazzo scaraventato in una vicenda che lo lascia attonito e incapace per certi versi di cogliere tutta la gravità di ciò che sta accadendo intorno a lui.

Fino al momento della selezione dopo l'arrivo al campo di Mauthausen,[5] il racconto ci restituisce una memoria quasi ovattata,

---

[4] Sul campo di transito di Fossoli si veda R. Gibertoni e A. Melodi, *Il Campo di Fossoli e il Museo del deportato di Carpi*, in T. Matta, *Un percorso della memoria*, Milano, Electa, 2006, pp. 99-110; L. Gasparotto, *Diario di Fossoli*, a cura di M. Franzinelli, Torino, Bollati Boringhieri, 2007, dove a p. 79 si fa menzione dell'arrivo di Marcello a Fossoli.

[5] Molto vasta è la bibliografia storiografica e memorialistica sul campo di Mauthausen; per un inquadramento generale sul campo e sul sistema concentrazionario nazista si veda H. Marsalek, *La storia del Campo di Concentramento di Mauthausen*, Vienna, Edizioni del Museo di Mauthausen, 1999; G.J. Horwitz, *All'ombra della morte. La vita quotidiana al campo di Mauthausen*, Venezia, Marsilio, 1994; la voce *Mauthausen* in *Dizionario della Resistenza*, II vol., Torino, Einaudi, 2001, pp. 467-476; W. Sofsky, *L'ordine del Terrore*, Bari, Laterza, 1995;

per certi versi lacunosa, pur consapevole però dell'acquisizione e della rapida metabolizzazione di un nuovo e sconosciuto sentimento di paura: «quella» paura terribile derivante dalla certezza di poter morire da un momento all'altro.

Come in quasi tutti i testi di memoria del lager, il momento successivo alla selezione, l'immatricolazione, e la successiva «quarantena» in attesa della destinazione ad una squadra di lavoro segnano il passaggio alla percezione consapevole, terribile e claustrofobica del mondo del campo.

Spazio e tempo si concentrano, per Marcello, in un terribile presente teso alla sopravvivenza, scandito dall'alternarsi del lavoro e della lotta per difendere il cibo e la parvenza di riposo assegnati ai deportati. Il tragico presente in cui il ragazzo è proiettato permea il testo con le sue impellenti necessità, rimuovendo passato e futuro. La presenza di Guido Focacci, conosciuto durante i preparativi dell'aviolancio e ritrovato a Fossoli, e dei compagni conosciuti in lager, fraternamente tratteggiati in una sorta di galleria di eroi buoni, è l'unico elemento di continuità con il passato, e di possibilità di reinserimento nel mondo dopo la liberazione. La solidarietà, soprattutto ricevuta, è l'unica forma di umana e rischiosa dignità che si esercita nei vari luoghi della deportazione di Marcello: intorno a lui, adolescente, percepiamo le presenze buone di chi è di qualche anno più anziano, di chi ha lasciato moglie e figli, e che vede nel ragazzo prematuramente e frettolosamente diventato adulto nel lager i propri figli; dei medici e infermieri che lo curano, e che pensano che egli abbia maggiori speranze di sopravvivenza e di futura testimonianza; di chi, prima della cattura consapevolmente coinvolto nella lotta contro i nazifascisti, sfrutta tutte le opportunità create dal movimento clandestino di resistenza nel lager per proteggere e salvare i più giovani, soprattutto quando appare evidente l'ineluttabile sconfitta del nazismo e del fascismo.

Il racconto di Marcello è il racconto di un deportato politico, e non si deve dimenticare che la maggior parte dei deportati italiani furono deportati politici; furono circa 30.000 gli uomini e le donne che furono avviati ai campi di sterminio provenienti dalle file della Resistenza, quella con le armi e quella senza le armi. La loro testi-

---

A. Bravo D. Jalla, *La vita offesa*, Milano, Franco Angeli, 1986; *Una misura onesta*, Milano, Franco Angeli, 1994; I. Tibaldi, *Compagni di viaggio*, Milano, Franco Angeli, 1994.

monianza diretta o per bocca dei compagni sopravvissuti, ci ricorda la scelta rischiosa e totale per il progetto di libertà dal fascismo e per la democrazia, entità politica quasi sconosciuta e tutta da inventare; la loro testimonianza ci fa anche comprendere che i valori spontaneamente accettati o risvegliati dall'essere antifascisti, e cioè soprattutto la giustizia e la solidarietà, erano tanto condivisi da essere praticati nelle condizioni estreme del lager.

Il progetto di annientamento nazista, scrupolosamente istituzionalizzato e perseguito, trova opposizione, incontra resistenza, parola che non è in quei luoghi vuoto esercizio di retorica, ma agire concreto e rischioso, e il racconto di Marcello ce lo fa comprendere.

Un altro tema importante emerge dalla narrazione: il tema del lavoro schiavile reintrodotto nell'Europa occupata dal Terzo Reich. Leggiamo in queste pagine un'ulteriore testimonianza dello sfruttamento economico dei deportati, del coinvolgimento diretto del sistema industriale nella politica economica nazista, del lavoro svolto fianco a fianco all'interno degli apparati industriali di liberi cittadini del Reich e di deportati sfruttati come schiavi.

Due episodi, di natura opposta, accadono a Marcello nel sottocampo di Wiener Neustadt [6] e paiono esemplari per farci conoscere quel mondo del lavoro.

Protagoniste degli episodi sono maestranze austriache: quasi ogni giorno un'operaia fa in modo di procurare a Marcello del cibo, spesso una mela, ma sarà scoperta e non farà più ritorno in fabbrica; un capo-squadra invece picchia selvaggiamente il ragazzo per un presunto ritardo. A distanza di tanti anni il protagonista ci riferisce gli episodi con immutati sentimenti: garbata riconoscenza nel primo caso, nel secondo intatto risentimento per l'ingiustizia subita. Ma soprattutto con la sincerità che gli è propria, riferisce il bene e il male ricevuti anche da coloro che dovrebbe considerare semplicemente nemici.

---

[6] Wiener Neustadt fu sottocampo (Nebenlager) di Mauthausen. Fu fondato il 26.6.1943 nella città omonima a statuto speciale dell'Austria inferiore. Vi operarono le seguenti industrie: Rax Werke GmbH, Henschel & Sohn GmbH, Lofag, Wien. Vi furono prodotte parti di missili A4 (V2) e barche d'alaggio e tender dell'artiglieria marina.

Il campo fu chiuso una prima volta il 17/11/1943 e impiegò circa 1000 deportati. Fu riattivato il 5/7/1944 e definitivamente chiuso il 1° aprile 1945, raggiungendo il massimo impiego di 687 deportati.

Prima del trasferimento al sottocampo di Hinterbrühl[7] Marcello è vittima di un incidente sul lavoro, che sarà motivo di due ricoveri in infermeria, che gli hanno permesso di conservare le forze per la grande prova finale: la marcia di trasferimento da Hinterbrühl a Mauthausen, oltre 150 chilometri percorsi a piedi tra il 1° e il 7 aprile 1945.[8] Le pagine drammatiche che ripercorrono quei giorni non solo descrivono la fatica, la fame, lo stordimento causate dalla feroce necessità dei nazisti di non lasciare testimoni dei lager vivi, ma raccontano anche l'alienata precisione burocratica delle SS di scorta, che uccidono per pareggiare i conti e non subire conseguenze per non aver portato a termine con aritmetica adeguatezza il proprio compito. Il racconto dell'episodio dell'uccisione a freddo di cinque deportati per pareggiare i conti è tanto più vero perché non è lo sdegno a dominare la narrazione, ma la percezione drammatica di aver corso un grande pericolo, e quasi un senso di colpa nei confronti dei compagni caduti. Gli occhi, la mente e il cuore di un ragazzo che hanno vissuto e registrato i fatti di quei terribili giorni ce li restituiscono quasi senza mediazioni: in questo sta la forza della narrazione.

Durante la Marcia della Morte accade un altro fatto ai nostri occhi quasi miracoloso: la colonna di Marcello incontra un'altra colonna in cui si trova l'amico Guido Focacci; per pochi attimi si incrociano e scoprono di essere vivi entrambi.

La descrizione di quei pochi attimi, tanto ricchi di significato, di speranza e di conseguenze, è quasi laconica: il fortuito incontro con l'amico e protettore Guido non ha potuto distogliere l'adolescente affamato, impaurito, stravolto dalla fatica e dallo sforzo sovrumano

---

[7] Hinterbrühl fu sottocampo (Nebenlager) di Mauthausen. Fu fondato nel settembre 1944 nella circoscrizione distrettuale di Modling, nell'Austria inferiore, all'interno della Seegrotte, antica miniera di sale. Vi operò la Heinkel Werke AG per la produzione di testate di missili V2, di parti per i caccia notturni He 216, di fusoliere dei caccia a reazione He 162 (caccia del popolo). Il campo fu chiuso il 1° aprile 1945. I deportati impiegati in questo sottocampo, registrati insieme a quelli dei sottocampi di Schwechat, di Floridsdorf Wien, di Wien West, ammontarono a 2737. In Horwitz, op. cit., p. 185, si parla di 1884 deportati al momento della liquidazione del campo.

[8] Questo episodio è menzionato in Horwitz, op. cit., pp. 185 e segg. Notizie su questa Marcia della Morte si trovano anche in A. Campione, *Il ragazzo che fuggì da Vienna*, cap. XII, «Sopravvivere invano», Milano, Mursia, 1997, pp. 178-183.

di sopravvivere fino al minuto successivo, dalla vitale necessità di raggiungere la propria destinazione, e cioè Mauthausen.

Gli ultimi giorni del lager danno origine ad un racconto frammentario per certi versi: molto suggestivo è il ricordo dei deportati che cantano a mezza voce l'Internazionale. La grande gioia della liberazione provoca un'emozione tale da annullare i ricordi; inizia finalmente un periodo di tregua in attesa del ritorno a casa; il tono del racconto si fa più leggero; la libertà riacquistata libera energia e fantasia, soprattutto nella ricerca di cibo, di un cibo che possa essere finalmente considerato tale.

Il viaggio di ritorno è malinconico, si torna col pensiero al passato, al «prima» popolato di affetti, che ci si augura di ritrovare insieme alla casa.

Il momento del ritorno è paradossalmente difficile quanto quello della cattura e della separazione: l'esercizio dell'affettività deve essere riacquisito gradualmente, e ciò comporta sofferenza a Marcello e ai familiari. Questa memoria ci offre un diverso punto di vista del ritorno a casa: la sorella Anna racconta, con grande coinvolgimento emotivo, sincerità e leggerezza di scrittura, il rientro del fratello minore. È molto doloroso scoprire che il lager ha costruito un'invisibile parete di incomunicabilità tra ciò che si è vissuto e ciò che si fatica sia a narrare sia a comprendere.

Nell'ultima parte, molto importante per comprendere il contesto del momento in cui «è scoppiata la pace», Marcello esprime insieme la sua rabbia e la sua rassegnazione di fronte alla impossibilità e alla incapacità, in fondo colpevole, da parte di quelli che lo circondano di voler capire, almeno in parte, la sua esperienza. Esemplare è il racconto del rientro a scuola tra la supponenza del Preside del prestigioso Liceo Cicognini di Prato, l'indifferenza dei compagni e talvolta la malcelata ostilità degli insegnanti.

Una sincera riflessione sull'indifferenza diffusa degli italiani per le colpe e le responsabilità del fascismo, che più o meno subdolamente ancora oggi perdura, potrebbe essere il monito più importante e fruttuoso che ci suggeriscono le memorie di un ragazzo che il 24 giugno del 1944 in un luogo non fuori dal mondo cessò di essere Marcello Martini per diventare il numero 76430.

La stesura assistita definitiva delle memorie di Marcello Martini, dopo un lungo lavoro di rielaborazione, risale all'estate del 2005.

Il capitolo sulla Marcia della Morte, sotto forma di dattiloscritto, con alcune variazioni rispetto a questo testo, datato 4 giugno 1989, di 34 pagine, è conservato presso l'Istituto «Antonio Gramsci» di Torino.

La curatrice del volume porge i più sentiti ringraziamenti a Marcello per averle affidato la cura delle sue memorie.

Ringrazia per la fattiva collaborazione e l'incondizionato sostegno Diego Castagna, Roberta Cerruto, Viola Giancola, Marica Grospietro, Michelangelo Martinelli, Emanuela Oria, Igor Provera e tutti gli amici dell'Associazione Canavesana per i Valori della Resistenza, in particolare Cecilia e Margherita Genisio e Carlo Lege.

Un particolare ringraziamento deve essere rivolto all'amico Lucio Monaco per aver letto la prima stesura del testo e per aver dato puntuali indicazioni, consigli, suggerimenti.

Infine ringrazio la mia famiglia per il sostegno ricevuto e Viola in particolare che mi ha regalato il futuro con Elisabetta ed Enrico, cui la nonna augura una vita fondata sulla Giustizia e ricca di Libertà.

L'Associazione Canavesana per i Valori della Resistenza è stata fondata nel 1997 a Rivarolo Canavese con lo scopo di far conoscere la storia del Novecento.

Particolare attenzione è rivolta al mondo della scuola e alla collaborazione con associazioni culturali, amministrazioni locali e istituzioni varie, che desiderino organizzare progetti didattici, corsi di aggiornamento, presentazione di volumi di particolare rilevanza nell'approfondimento dei temi cruciali della storia del secolo scorso, viaggi-studio, iniziative legate alle più importanti ricorrenze civili e dal 2001 alla Giornata della Memoria; e dal 2001 appunto, senza soluzione di continuità, sono state organizzate le manifestazioni culturali legate alla memoria della Shoah per la Comunità Ebraica di Casale Monferrato.

Nel corso degli anni si sono prodotte mostre sul tema della Resistenza e della Deportazione ospitate in numerose sedi e non solo in Piemonte; alcuni progetti didattici destinati alla Scuola dell'Infanzia sono stati presentati in Israele al Museo del Kibbutz Lochamei Haghetaoth nel 2004. Nel 2006 il Museo Diffuso della Resistenza e della Deportazione della Città di Torino ha ospitato i risultati di un articolato progetto didattico, finanziato dall'Unione delle Comunità Ebraiche, dal titolo «Toledot – Generazioni», che ha analizzato il tema dello Sterminio in chiave originale e che ha prodotto, oltre ai risultati della ricerca, un percorso fotografico, un video, e oltre 60 opere di carattere grafico-pittorico.

Nel corso dei 10 anni di attività sono stati organizzati oltre 40 viaggi-studio in Italia, Austria, Germania, Polonia.

Nel 1999 è stato pubblicato il catalogo della mostra «Da balilla a Partigiano – Percorso di una scelta di Libertà» prodotta dall'Associazione per i tipi della Casa Editrice Neos di Rivoli.

Nel 2003 è stato pubblicato il volume «Sopravvissuti» per i tipi dalla Casa Editrice Alinari di Firenze, che raccoglie ritratti fotografici di ex deportati realizzati da Simone Gosso, con il sostegno scientifico e materiale dell'Associazione.

Elisabetta Massera

Un adolescente in lager

Solo abbi cura e fai bene attenzione di non dimenticare ciò che gli occhi tuoi hanno visto: non ti sfugga dal cuore per tutto il tempo della tua vita; anzi fallo conoscere ai tuoi figli e ai figli dei tuoi figli.

Deuteronomio 4,9

1

La cattura. In carcere alle Murate (9-12 giugno 1944)

Il tonfo sordo di una pesante porta e lo stridio dei catenacci hanno dato inizio alla mia prima notte di prigioniero nelle carceri delle Murate di Firenze il 9 giugno 1944.

Eravamo in cinque nella cella squallida e spoglia, dotata solo di una branda in ferro senza materasso, più adatta ad aumentare i disagi della detenzione che a favorire il riposo.

Conoscevo due dei miei compagni, i signori M., padre e figlio, che per una disgraziata coincidenza erano stati catturati con la mia famiglia il giorno stesso.

Dividevano la nostra sorte due giovani, forse radiotelegrafisti, paracadutati dagli Alleati in aiuto alla Resistenza ai primi di giugno 1944 nella zona di Prato, e accolti nella formazione partigiana comandata da mio padre, comandante militare del C.L.N. di Prato.

A questa azione avevo anch'io, ragazzino quattordicenne, contribuito preparando il campo per il lancio, e, a lancio avvenuto, nascondendo i paracadute.

«Il coccodrillo è verde» era la frase convenzionale con la quale Radio Londra informava del prossimo aviolancio che si sarebbe verificato nella zona di Prato; già da tempo mio padre mi aveva raccomandato di prestare molta attenzione alle notizie trasmesse in italiano dall'emittente alleata; al primo messaggio avrebbe dovuto fare seguito «Beatrice ti saluta», ripetuto per almeno tre giorni. La notte successiva al terzo giorno avrebbe avuto luogo il lancio; se fosse stato trasmesso il messaggio «Martino non parte», tutta l'operazione sarebbe stata sospesa e si sarebbe dovuto attendere un nuovo «Il coccodrillo è verde». Ignoravo quale sarebbe stato il contenuto del lancio, ma ricordo perfettamente la grande eccitazione che si impadronì di me in quei giorni di attesa. Qualche settimana prima ci aveva fatto visita nella nostra casa di sfollati a Montemurlo il «Tenente Colombo», nome di battaglia di Guido Focacci: essendo aviatore avrebbe dovuto controllare l'idoneità del sito scelto per il lancio; dopo che il sopraluogo ebbe esito positivo, il partigiano G. portò il materiale per segnalare il campo. Ricordo che l'arrivo dell'auto, con a bordo G. in divisa da carabiniere e mio padre, mi procurò gravissima apprensione: mi sentivo il cuore in gola! Non potevo immaginare infatti che G. fosse semplicemente travestito da carabiniere: in quel momento riuscii solo a pensare che mio padre, il maggiore Martini, nome di battaglia «Niccolai», fosse stato arrestato! Superata la sorpresa e dissoltasi l'angoscia, aiutai a trasportare e a nascondere il materiale necessario per il lancio a Cerreto, località in cui si trovava la casa dei miei nonni materni. Il materiale consisteva in una batteria da automobile che avrebbe alimentato luci bianche e rosse, che avrebbero indicato la direzione del campo, presso Villa Dami, la casa dei nonni appunto. In quel tempo di carestia ero solito percorrere quelle colline alla ricerca di funghi, castagne, pigne e tutto quanto poteva risultare utile per la cucina di guerra.

In un clima di grande eccitazione aiutavo mio padre e mio fratello Piero ad avvolgere i cavi elettrici che dovevano essere poi stesi sul campo, e naturalmente avrei voluto partecipare anch'io al cosiddetto «gruppo di accoglienza». Grandissima fu la mia delusione quando mio padre, giustamente, mi impedì di far parte del gruppo. Ragazzo quale ero non mi rendevo conto perfettamente del pericolo: non si trattava di un gioco, come avrei drammaticamente constatato in seguito! Ebbi invece l'incarico di andare a portare un po' di cibo a mio padre, mio fratello e a tre partigiani che avevano atteso tutta la notte il lancio ed ai cinque radiotelegrafisti paracadutati qualche tempo prima insieme al materiale per integrare e rendere più efficace il servizio di comunicazioni clandestino che operava lungo tutta la linea del fronte italiano. Quattro di quei radiotelegrafisti erano destinati ad altre zone della Toscana, uno sarebbe rimasto nella zona di Prato ed avrebbe intanto trascorso qualche giorno a casa di G. La notte era trascorsa praticamente insonne, in attesa di udire il rumore dell'aereo, che finalmente passò a bassa quota con un rombo tale da far tremare la casa dalle fondamenta. La mattina successiva, appena arrivato al campo e consegnati i viveri, aiutai a seppellire il paracadute ed i contenitori di lancio, ricoprendo le buche con foglie secche di castagno. Ricordo che da un contenitore estrassero uno Stern ed una grossa pistola a tamburo, oltre all'attrezzatura che il radiotelegrafista, che disse di chiamarsi Franco, avrebbe in seguito utilizzato. Terminato il lavoro di occultamento mio padre mi chiese di accompagnare Franco in una zona alle spalle di Villa Dami, dove sarebbe stato nascosto fino al momento di essere inviato alla sua nuova sede operativa. Per far giungere a destinazione Franco passai dalle località Morello e Croci, utilizzando strade percorribili solo da mezzi cingolati, talmente rumorosi che li avremmo uditi da lontano e avremmo avuto modo di nasconderci al loro sopraggiungere; lo precedevo di una decina di metri e nei punti più esposti si nascondeva dietro i cespugli che costeggiavano la mulattiera.

Andò tutto bene, ed io ero veramente fiero della mia partecipazione a quell'episodio della guerra partigiana, ignaro di quanto sarebbe accaduto tre giorni dopo. Avevo contribuito personalmente ad un'azione della lotta clandestina, che se da una parte segnava il mio battesimo di partigiano, purtroppo sarebbe stato anche l'ultimo concreto mio contributo alla Resistenza.

In quella cella delle Murate non potevo certamente chiedere notizie più precise sulla identità e sui motivi della loro cattura ai miei compagni; ero sì giovane e inesperto, però le poche ore appena trascorse con SS italiane e tedesche mi avevano fatto apprendere velocemente le regole della clandestinità.

Chiuso in un silenzio pressoché totale, rivivevo forse più con attonito stupore che con paura la giornata appena trascorsa, che mi aveva separato dalla mia famiglia e dalla mia vita di adolescente, intorno alla quale purtroppo si svolgeva la tragedia della guerra, anche se non avevo ancora potuto assumere ruoli importanti, o non mi ero ancora trovato solo a districarmi in vicende per certi versi ancora incomprensibili per un ragazzo di quattordici anni.

La giornata appena trascorsa era stata tragica ed emotivamente faticosa.

Molto presto la mattina del 9 giugno mio padre, mia madre, mia sorella Anna ed io eravamo partiti da Villa Dami, la casa del nonno materno situata nel borgo di Cerreto, per tornare a Montemurlo dove eravamo sfollati.

Era una passeggiata di circa tre ore attraverso boschi e colline su sentieri conosciuti. Infatti alla chiusura delle scuole io e i miei fratelli Anna e Piero e i miei cugini Mimma e Giovacchino ci recavamo nella villa di Cerreto per trascorrervi le vacanze, affidati alle cure della nonna Angiolina che con energia e affetto teneva a bada i cinque nipoti scatenati.

Conoscevo quindi a menadito ogni anfratto ed ogni cespuglio della zona ed anche la campagna circostante non aveva segreti, campagna nella quale sorgevano case coloniche abitate da persone che mi avevano visto nascere.

In quei luoghi mi sentivo a mio completo agio, ed avrei potuto dare un contributo molto importante alla lotta partigiana se non fossi stato catturato così presto.

Ora comunque ero chiuso in cella con altre quattro persone senza avere la minima idea di quello che ci sarebbe potuto accadere.

La stanchezza era però tale che mi addormentai pesantemente sulle strisce di ferro della branda, che gli altri mi avevano riservato essendo il più giovane, preferendo accomodarsi sul pavimento sull'unica sudicia coperta data in dotazione.

In un angolo un grosso vaso di coccio con coperchio era la toilette!

Non posso precisare l'ora, ma fummo tutti svegliati da un improvviso bagliore molto molto intenso, seguito dal rombo di una fortissima esplosione; ho poi saputo che un eroico gruppo di partigiani aveva fatto saltare otto vagoni di tritolo destinati dai nazisti alla demolizione della città e delle industrie fiorentine.

Il treno era fermo alla stazione di Carmignano, nei pressi di Firenze, e due giovani della Resistenza si sacrificarono e morirono nell'esplosione, non avendo miccia sufficiente per ritardare lo scoppio.

Fu però difficile riprendere sonno ripensando alla giornata appena trascorsa.

Ritornai col pensiero al momento del nostro arrivo a Montemurlo, nella grossa cascina che accoglieva varie famiglie di sfollati.

Avevamo trovato ad attenderci Franco il radiotelegrafista, appena paracadutatosi, che nottetempo era venuto a piedi da Firenze attraversando luoghi e percorrendo strade a lui sconosciute.

Giustificò la sua presenza col fatto che G. non si era presentato a un appuntamento prefissato.

L'accordo era che, in tal caso, poteva essere accaduto qualche cosa di pericoloso e quindi Franco avrebbe dovuto fuggire dall'appartamento dove era stato nascosto.

Non avendo altro contatto era riuscito ad arrivare fino a casa del «maggiore Niccolai», nome di battaglia di mio padre, che lo aveva accolto subito dopo essere stato paracadutato, per avere istruzioni, dato che il suo compito era quello di trasmettere notizie dalla zona di Prato agli Alleati.

Durante il trasferimento da Cerreto, mio padre si era separato da noi per recarsi ad una riunione del CLN pratese, ed era rimasto bloccato in città a causa di uno dei soliti allarmi aerei.

Mia mamma insistette perché accompagnassi Franco alla formazione dei Faggi di Javello, località che accoglieva gran parte dei partigiani pratesi, ma Franco volle attendere mio padre che arrivò dopo l'una; si decise comunque che appena buio sarebbe stato accompagnato in un luogo più sicuro.

Purtroppo alle due circa le SS italiane e tedesche fecero irruzione nello stanzone dove vivevamo e catturarono tutta la mia famiglia insieme a Franco.

Io stavo studiando la grammatica francese, quando improvvisamente la porta d'ingresso proprio a me antistante si spalancò e, prima ancora di rendermi conto di quanto stava accadendo, mi trovai una pistola puntata in faccia.

Appena entrati i nazisti accesero la radio che si trovava proprio vicino a me, ruotarono nervosamente le varie manopole, senza scoprire che l'apparecchio era sintonizzato su Radio Londra, dovendo noi captare i messaggi speciali diretti al CLN di Prato.

Probabilmente la cascina in cui alloggiavamo era sorvegliata prima ancora del nostro arrivo; ma i nazisti fecero irruzione solo quando arrivò mio padre.

Fortunatamente mio fratello Piero, che era rimasto a Cerreto, non fu coinvolto nell'arresto di tutti noi; tra l'altro il suo carattere impulsivo e pronto all'azione avrebbe potuto metterlo in serio pericolo.

Fummo fatti uscire di casa fra urla e spintoni e sistemati nella grande aia della cascina, dove furono portati anche tutti gli altri abitanti dell'edificio, due famiglie di contadini e due di sfollati.

Mia mamma, mia sorella ed io eravamo riuniti in gruppo all'angolo est dell'aia, Franco fu fatto salire su un camion e mio padre, in mezzo a due fascisti armati di mitra, fu accompagnato nel vialetto di accesso e fatto appoggiare all'alta siepe che delimitava il viale di fronte alla caserma dei Carabinieri, che si trovava nel medesimo edificio.

Tutti dovevamo stare in silenzio ed eravamo guardati a vista sotto il tiro dei mitra; non ricordo con precisione quante fossero le SS, ma sicuramente non meno di venti.

Il sole era caldo, ma nessuno si poteva muovere.

Ad un tratto un crepitio di mitra squarciò l'aria: urli, comandi, bestemmie si susseguirono in rapida sequenza!

Vidi due militi all'angolo del vialetto sparare verso i campi di grano antistanti, falciandoli con i mitra, così come i due che sorvegliavano mio padre; un quinto correva sulla strada provinciale sparando con la pistola.

Mio padre infatti, appoggiandosi alla siepe, aveva scoperto un varco, e approfittando del fatto che uno dei militi che lo sorvegliava si era messo il mitra sotto il braccio per accendere una sigaretta, diede un pugno all'altro e scomparve dietro la siepe.

I due militi cercarono di colpire il fuggitivo sparando al di sopra della siepe stessa, creando così un angolo morto di tiro che permise a mio padre di fuggire.

Aveva tentato la fuga apparentemente impossibile perché, una volta catturato, con ogni probabilità sarebbe stato sottoposto a tortura e non voleva rischiare di mettere a repentaglio l'organizzazione clandestina.

Un graduato delle SS altoatesino, che parlava un ottimo italiano, ci disse che nostro padre era stato colpito nella fuga e che quindi la sua cattura era questione di minuti.

Nel frattempo mi fecero uscire dal mio gruppo e con un mitra piantato alla schiena dovetti precedere una squadra di SS fino a casa di mio zio, il dottor Cesare Parenti, medico condotto del paese, che distava dalla nostra cascina circa cinquecento metri. Con lo zio abitavano la moglie Marta, sorella di mio padre, i quattro figli, nonno Martino e nonna Linda. Non so se chi ci aveva catturato conosceva il grado di parentela che ci legava al dottor Parenti.

Certamente, pensando di aver ferito mio padre, ritenevano logico che si rifugiasse presso il medico condotto.

Appena arrivati davanti alla casa i soldati la circondarono, ed un gruppo entrò all'interno; anche il mio sorvegliante si allontanò: rimasi solo in mezzo alla strada.

Se avessi solo lontanamente immaginato che cosa mi riservava il futuro, non avrei esitato a fuggire il più velocemente possibile, ma il pensiero di mamma e di Anna sole in mano ai nemici fece sì che ritornassi sui miei passi fino all'aia della cascina, come se ritornando avessi potuto fare qualcosa per loro due.

Appena giunto sull'aia lo sguardo di mamma che pensava che mi avessero portato chissà dove, mi ripagò del pericolo che correvo col mio ritorno.

Più tardi all'imbrunire ci fecero salire sul camion insieme a Franco, portandoci in un assoluto silenzio fino a Villa Triste a Firenze, sede delle SS e della Gestapo fiorentina.

Quella era la sede anche della famigerata banda Carità, struttura paramilitare della Repubblica di Salò impiegata nella repressione antipartigiana, compito che svolgeva con feroce determinazione.

Il maggiore Carità era ben conosciuto, insieme ai suoi soldati, per le sadiche torture che infliggeva a coloro che, catturati, non volevano parlare.

Gli italiani che facevano parte della squadra che ci aveva appena arrestato erano infatti ai suoi ordini.

Arrivati a destinazione con mamma e Anna fui rinchiuso in un ufficio, dove eravamo sorvegliati da un giovane soldato della RSI, che all'inizio puntava minacciosamente il suo mitra verso di noi; chiese anche ad un altro repubblichino di portargli un caricatore da 40 colpi, avendone uno da 20: tanto gli serviva per sorvegliare due donne ed un ragazzo in una stanza degli uffici delle SS! In seguito, dato che non dimostrammo di essere particolarmente pericolosi cominciò a diventare più garbato, e ci parlò della sua paura del dopoguerra.

Mi diede l'impressione di un ragazzo spaesato, che si trovava come tutti noi a vivere una tragedia di proporzioni quasi incomprensibili.

Infine fece il suo ingresso nell'ufficio un ufficiale tedesco, che si sedette alla scrivania: ebbi allora la prima lezione di galateo nazista!

Stanco per essere rimasto in piedi tutto il giorno, ebbi l'ardire di appoggiarmi ad un tavolo ingombro di bicchieri e di vassoi semivuoti, resti dell'ultimo pasto consumato.

Mia mamma spostò un bicchiere pericolosamente vicino al bordo del tavolo e vicino a me, e questo scatenò le ire dell'ufficiale, mi procurò una terribile sgridata, ovviamente per me incomprensibile, ed un violento schiaffo.

Franco fu portato da un'altra parte, e dopo qualche giorno è stato fucilato con gli altri quattro radiotelegrafisti paracadutati dagli Alleati alcuni giorni prima, insieme con alcuni componenti del CLN fiorentino, catturati dopo la scoperta di Radio CORA.

Il povero Franco pensava che se fosse stato catturato l'unico rischio che poteva correre era di trasmettere notizie per conto dei tedeschi; utilizzando un codice particolare avrebbe fatto intendere agli Alleati che trasmetteva notizie false obbligato dai nazisti.

Il 6 giugno 1944 i nazisti avevano fatto irruzione in Piazza Massimo D'Azeglio 31 a Firenze da dove trasmetteva Radio CORA e dove si teneva anche, senza troppe cautele, una riunione di alcuni componenti del CLN fiorentino.

Alla radio c'era Luigi Morandi, esperto telegrafista, che insieme al padre, anch'egli radiotecnico, era riuscito a costruire una trasmittente utilizzata per comunicare al ricostituito Corpo Italiano di Liberazione, aggregato all'esercito inglese, tutte le notizie di interesse militare. Quando le SS irruppero nella stanza era intento alla trasmissione e fu falciato da una scarica di mitra.

In seguito furono arrestati tutti i componenti della famiglia Morandi; il padre, ignorando la sorte del figlio fu portato a Mauthausen con il mio stesso trasporto, ma non è più tornato; la madre e la sorella condivisero la prigionia con mia madre e mia sorella nelle carceri di Santa Verdiana fino alla fine di luglio, quando una squadra dei GAP fiorentini occupò la prigione facendo evadere le prigioniere.

Le forti emozioni provate durante il giorno e l'esplosione notturna non mi impedirono però di riprendere sonno e di recuperare un po' di forze, nonostante le disagiate condizioni.

Non ricordo di aver avuto paura, nemmeno sotto la minaccia diretta delle armi mi ero impressionato: forse era solo incoscienza giovanile, ma provavo una grande calma, che oggi mi pare incredibile. Ultimo di tre fratelli ero cresciuto coccolato, timido, facile al pianto, con un carattere piuttosto introverso e molto permaloso; infatti per farmi arrabbiare mi dicevano che ero nato a San Marcellino Frignano.

Non avevo mai mostrato in vita mia la spavalderia e sicurezza di mio fratello, che gli permettevano di cavarsela in tante occasioni, e che ammiravo, ma che non ero in grado di imitare sentendomi sempre impacciato e fuori posto.

La prima notte di galera era comunque passata! Il risveglio ci fu dato da un secondino che, munito di una stanga di ferro, batté l'inferriata dell'alta finestra passandola rapidamente da una sbarra all'altra. Era un suono quasi allegro, sembrava un concerto perché la procedura era eseguita su tutte le inferriate delle celle, che davano sul cortile interno, con effetti sonori e tonalità diverse.

Una nota falsa avrebbe denunciato che la sbarra era stata segata o almeno manomessa. Fu la prima cosa che imparai! Poi ci fu l'operazione del lavaggio e della vuotatura del bugliolo. Cella per cella i prigionieri erano condotti in fondo al corridoio, dove c'erano i gabinetti e dei getti d'acqua su un lungo lavandino. Molto velocemente dovevamo lavarci, pur non avendo né sapone né asciugamano, vuotare il vaso pieno di escrementi e poi tornare in cella. Più tardi nella mattinata tornarono i secondini per accompagnarci tutti all'ora d'aria. Chiusi in un piccolo cortile di cinque metri per tre circondato da alte mura, trascorremmo un'ora all'aria aperta, potendo vedere il cielo non racchiuso come in cella dall'irraggiungibile alta finestra munita di sbarre ma non di vetri. Verso mezzogiorno ritornammo in cella e ci fu servita una zuppa calda con pasta ed un pezzo di pane: un cucchiaio di legno completava il servizio.

Non esistevano pulizia ed igiene, tralasciamo commenti sulla qualità del cibo, ricordo però che nessuno rifiutò di mangiare quella brodaglia, anche se lo stomaco sembrava ribellarsi ad ogni boccone.

La situazione alimentare durante la guerra era terribile. Qualsiasi cosa che poteva definirsi commestibile doveva essere ingurgitata perché c'era solo ed esclusivamente quella! Il Grande Statista, come ancora oggi alcuni definiscono Benito Mussolini, non appena iniziate le ostilità mise tutta la popolazione italiana letteralmente alla fame; la razione individuale di pane era di 175 grammi al giorno, tra l'altro il pane era poco cotto per renderlo più pesante, impastato con vari tipi di farina, non tutte pregiate, per risparmiare quella di grano con cui alcuni fornai potevano lucrare, vendendola sotto banco o utilizzandola per loro conto. Non c'erano patate, polenta o pasta per sostituire il pane; tutto era razionato e ridotto al limite della sopravvivenza. Anche la zuppa delle Murate era quindi accettabile, perché almeno per un po' ci si sentiva sazi.

Il resto della giornata trascorse tranquillo; i due M. parlottavano tra loro, come anche gli altri due.

Nel tardo pomeriggio del secondo giorno si aprì la porta della cella e mi fu consegnato un golf di lana blu, con uno spazzolino da denti, un tubetto di dentifricio ed un pezzo di sapone e mi fu detto che erano stati depositati dei soldi a mio nome.

Il golf era da donna ma al momento non ci feci caso; al momento dell'arresto indossavo scarpe leggere, pantaloni alla zuava, poiché all'epoca gli adolescenti non indossavano calzoni lunghi, e un camiciotto con le maniche corte. Il golf mi permise quindi di stare un po' più caldo durante la notte: anche se eravamo nel mese di giugno le celle a pianterreno in cui mi trovavo non erano di sicuro afose.

Dopo il mio ritorno ho saputo che mia zia Maria mi aveva inviato in carcere quegli oggetti per le mie prime necessità. I soldi li aveva fatti depositare mia mamma; infatti al momento dell'arresto aveva nella sua borsa ben 35.000 lire, cifra ingente in quel periodo; ben 30.000 furono requisite da uno dei repubblichini presenti al momento della nostra cattura, delle 5.000 lire rimaste la mamma decise di farmene accreditare 2.000 per potermi comperare qualche supplemento di cibo in carcere, ma purtroppo non feci in tempo.

Verso sera dopo il secondo controllo «armonico» delle inferriate, incominciavano i colloqui tra detenuti comuni delle celle situate ai piani superiori. Era interessante, e direi divertente, sentire lo scambio di epiteti che avveniva tra una cella e l'altra. Mi ricordo il grido di un detenuto, che diceva: «Voglio morire!». Regolarmente la risposta era: «Un bischero di meno!».

Anche la seconda notte passò, senza esplosioni per fortuna: io mi sentivo già un vecchio ergastolano.

Povero Marcello: non sapevi quante e quali prove ti aspettavano ancora!

Arrivò la mattina e si ripeterono tutte le cerimonie del giorno precedente. Speravamo ingenuamente che le SS ci interrogassero per poter chiarire la nostra posizione ed essere rilasciati. Quante illusioni!

Il giorno 13 di giugno, a notte fonda, lasciammo il carcere per destinazione ignota.

2

Fossoli
(13-21 giugno 1944)

L'autobus su cui ci avevano fatto salire a Firenze si diresse verso Via Bolognese ed iniziò a salire verso Pratolino; superò il passo della Futa e alle prime luci dell'alba raggiungemmo Bologna, per proseguire per Modena, Carpi e finalmente giungemmo a Fossoli.

Nel valicare gli Appennini in mezzo a boschi abbastanza solitari in ognuno di noi prigionieri divenne sempre più forte la speranza di un attacco partigiano che ci liberasse.

In fondo all'autobus e vicino all'autista c'erano militari armati di mitra, non ricordo se tedeschi o italiani, e inoltre il nostro mezzo era preceduto e seguito da auto piene di soldati.

Sarebbe stato quindi quasi impossibile, in caso di attacco, scampare al fuoco dei sorveglianti, ma si sa: sperare non è proibito!

Purtroppo invece tutto filò liscio ed in mattinata fummo scaricati davanti al cancello di filo spinato del campo di raccolta e transito di Fossoli.

I miei ricordi di questo periodo sono piuttosto frammentari, forse per l'accavallarsi degli avvenimenti dei giorni precedenti, per il brusco passaggio da una tranquilla vita familiare a quella di detenuto, solo, senza nessuna persona di cui fidarsi.

Penso che le ultime giornate trascorse avrebbero sconvolto chiunque, anche se adulto, figuriamoci l'effetto che ebbero su di un ragazzo di quattordici anni, che non aveva ancora dovuto subire personalmente la dura realtà della guerra.

I successivi tragici avvenimenti della mia deportazione hanno inoltre certamente contribuito a sbiadire i dettagli del ricordo. Nella mia memoria Fossoli appare ancora un'oasi felice, dove tutti i prigionieri e i carcerieri parlavano la stessa lingua, e dove era possibile muoversi senza rischiare continuamente percosse, o addirittura la vita.

All'arrivo a Fossoli fummo interrogati uno per uno, declinammo le nostre generalità, vuotammo il contenuto delle nostre tasche su di un grande tavolone, e ci fu assegnato un numero di matricola.

Ebbi subito conferma che il nuovo luogo di prigionia in cui mi trovavo non era particolarmente terribile; mi ricordo infatti che mi interrogarono due o tre prigionieri politici, e uno di questi quasi mi costrinse a dire che soffrivo per una punta d'ernia, per evitare che mi facessero lavorare; inoltre mi restituì tutto il contenuto delle mie tasche, facendomi cenno di nasconderlo subito.

I miei averi erano costituiti da un portafoglio con documento di riconoscimento, 2000 lire, una piccola roncola pieghevole, un temperino, un fazzoletto, lo spazzolino da denti ed un tubetto di dentifricio. I due coltelli che portavo quasi sempre in tasca, mi servivano per uno scopo ben preciso. Conoscevo infatti a memoria tutti i tipi di aerei italiani e tedeschi, ed il mio passatempo preferito era quello di riprodurli in piccola scala, intagliando pezzetti di legno di recupero, e che giudicavo adatti per il tipo di aereo che volevo riprodurre. I miei modelli erano lunghi 6 o 7 centimetri, il più grande, il quadrimotore Piaggio P108, era lungo 12 centimetri.

Le ali ed i piani di coda erano ricavati dalla balsa delle scatole dei fiammiferi e dei formaggini, incollate alla fusoliera pazientemente intagliata; infine verniciavo mimeticamente con gli acquerelli l'aereo così completato.

Ricordo ancora che fummo rapati, ma non a zero, che ci fu dato ago e filo per cucire la striscia di stoffa bianca con il numero di matricola sulla giacca, io dovetti cucirlo sul golf di lana blu, ed infine fummo portati nella baracca in muratura che ci era stata assegnata.

Non ricordo assolutamente il numero di matricola che mi fu assegnato, mi sembra che iniziasse con un 2 e fosse di sole quattro cifre.

Ho un vago ricordo dell'interno della baracca: rivedo file di brande di tipo militare sia lungo le pareti della costruzione in mattoni, sia nel centro dello stanzone.

Sul fondo c'erano i gabinetti; dall'ingresso della baracca invece si accedeva direttamente ad un vasto spiazzo.

C'erano diverse costruzioni analoghe una accanto all'altra, ma non ne saprei precisare il numero.

Tutto il campo era circondato da filo spinato, piuttosto fitto ma non elettrificato, con garitte e lampade ad intervalli regolari che lasciavano poche zone d'ombra durante la notte.

Il cortile confinava a sinistra con un altro recinto di filo spinato al di là del quale c'erano altre costruzioni in muratura che alloggiavano altri prigionieri.

Non ricordo particolari cerimoniali di appello o altri sistemi di controllo.

Il capo-campo che mi aveva interrogato al mio arrivo, ed i responsabili delle baracche erano tutti italiani e prigionieri politici; la verifica dei presenti era senz'altro eseguita ma non in maniera traumatica, così che non mi rimase impressa nella memoria.

Nella prima baracca sulla destra oltre l'ingresso al campo c'era una costruzione suddivisa in celle: era il carcere del campo.

Seppi poi che vi erano rinchiusi dei detenuti comuni che erano stati lì trasferiti forse da Parma o da Pavia perché il carcere mandamentale era stato colpito dai bombardamenti alleati.

Anche i detenuti comuni furono deportati a Mauthausen, dove ebbi modo di conoscerli.

Uno dei ricordi più nitidi di questo periodo è il buon sapore del minestrone di riso che ci veniva distribuito a mezzogiorno.

Era caldo ed abbondante, e dopo le forzatamente ridotte porzioni casalinghe di minestre di piselli secchi e radicchio selvatico e l'indefinibile brodaglia delle Murate, finalmente potei riempire lo stomaco di qualcosa di piacevolmente saporito!

Non ricordo com'erano le stoviglie o se venivano fatte più distribuzioni di cibo e di pane.

Il mio ricordo si concentra su quello scodellone di riso, che consumavo seduto sulla branda a me assegnata, che finalmente saziava la fame di un adolescente!

Durante la breve permanenza a Fossoli avvennero alcuni episodi che però non ricordo in ordine cronologico; ma soprattutto ebbi i primi contatti con persone che già conoscevo.

L'avvenimento per me più importante fu il ricongiungimento con Guido Focacci.

Un giorno uscendo nello spiazzo antistante la baracca vidi concretamente l'esempio dell'Ecce Homo, un uomo cioè con la faccia tanto livida e gonfia da renderlo quasi irriconoscibile, con una mano slogata, la sinistra, e la schiena ridotta ad un indecifrabile geroglifico di colore bluastro.

Queste erano le conseguenze di tre giorni di torture inflitte dalla famigerata Banda Carità nella Villa Triste di Firenze.

L'aver riconosciuto Guido e l'averlo accanto mi fecero sentire non più solo, finalmente ero con qualcuno che conosceva tutta la mia famiglia e anche se era molto mal ridotto dal punto di vista fisico costituì per me un grande elemento di forza.

Guido, nome di battaglia «Tenente Colombo», era un esperto pilota; aveva fatto parte delle formazioni degli Aerosiluranti, con i vecchi e lenti trimotori S79, e poi aveva pilotato i bombardieri pesanti quadrimotori Piaggio P108.

Dopo l'8 settembre era entrato nella Resistenza, aveva conosciuto mio padre, era consulente aeronautico della sua formazione e aveva sovrinteso alla realizzazione del campo di lancio allestito nell'area controllata dal comandante Niccolai, cioè mio padre.

Avevo così fatto la sua conoscenza.

Appassionato com'ero di aerei e di aviazione ero ovviamente fiero di conoscere in carne ed ossa uno di quegli eroi alati che, ai miei occhi di adolescente, compivano eroiche gesta, del resto ampiamente glorificate dalla propaganda fascista.

Guido però mi raccontò il vero volto della guerra aerea, e della guerra: caddero così tutti i miti costruiti dalla propaganda fascista di cui ero, come tanti, imbevuto, e mi resi conto di quanto tragico fosse dover mettere in pratica la dura legge di guerra: cioè colpire per non essere colpiti, ed obbedire ad ordini disumani nel nome di una presunta supremazia nazionale e razziale.

Ebbi un'altra buona notizia, che mi giunse dal recinto femminile che confinava con il nostro.

Se ben ricordo le detenute erano soprattutto ebree; una di queste, che conosceva Focacci, mi diede notizie della mamma e di Anna, perché proveniva dal carcere di Santa Verdiana e lì le aveva conosciute.

Le notizie furono rassicuranti: nessuna delle due era stata interrogata dalle SS.

Questo significava aver quasi certamente evitato terribili torture i cui effetti erano ben visibili sul corpo di Guido.

Ricordo inoltre un altro particolare: durante la notte improvvisamente mancava la corrente elettrica, quindi la recinzione era completamente al buio; le guardie illuminavano come potevano, con torce elettriche, la loro zona di controllo; nelle notti senza luna o con il cielo coperto, l'oscurità era quasi totale, e potevano quindi essere favorite le fughe.

Un giorno mi si avvicinò un compagno di prigionia e mi chiese di vedere i due coltellini a serramanico che avevo in tasca.

Probabilmente rimase un po' deluso dalle loro dimensioni, essendo la loro lama lunga solo quattro o cinque centimetri; ma mi chiese egualmente di prestargliene uno, senza naturalmente dirmi che quella notte stessa avrebbe tentato la fuga, approfittando di una interruzione nell'erogazione di corrente elettrica.

Non ricordo nulla di lui, salvo che era molto alto e forse aveva un paio di baffi; la sua fuga comunque riuscì perché non lo vidi più in campo!

Esisteva comunque anche la possibilità di corrompere una delle camicie nere addette alla sorveglianza del reticolato, magari da parte di parenti o amici all'esterno... Questo si diceva in campo.

Ricordo invece un'altra evasione conclusasi tragicamente.

Il fuggitivo fu ripreso e picchiato a sangue, e fu mostrato a tutti i prigionieri riuniti.

Il poveretto, lordo di sangue ed in stato di semincoscienza, era sorretto da due nostri compagni, che poi lo trascinarono in una delle celle della prima baracca.

Non so che fine abbia fatto, ma le alternative non erano molte, e di tutte la migliore era quella di essere deportato in Germania.

Mi tornano in mente due persone arrestate e inviate al campo di Fossoli, pur appartenendo uno alle Camicie Nere, mi pare con il grado di maggiore, che chiamerò X; l'altro invece era un interprete delle SS di Milano.

Il suo nome era N., di origine svizzera, parlava correntemente sia l'italiano sia il tedesco, ed approfittando della sua posizione poteva venire a conoscenza dei rari mandati di scarcerazione dei politici detenuti nel carcere di San Vittore.

Si recava allora immediatamente dalle loro famiglie, facendosi consegnare denaro e preziosi, perché proprio lui avrebbe avuto facoltà di far liberare il familiare arrestato.

Questi effettivamente usciva di prigione, ma il merito non era sicuramente di N.!

Le SS lo scoprirono e attuarono l'unico atto di giustizia che posso loro attribuire: lo internarono prima nel carcere di San Vittore poi a Fossoli.

Il maggiore X, alto e quasi calvo, aveva la tracotanza tipica del gerarca fascista; era stato sorpreso con le mani nel sacco mentre rubava a man bassa, certamente l'aveva fatta proprio grossa per essere internato.

Alcuni compagni mi dissero che quando era arrivato indossava ancora la divisa fascista con la camicia nera.

Il nero, si sa, prende molto facilmente la polvere, quindi fu necessaria una bella spolverata da parte dei compagni di prigionia, che però, distrattamente, si dimenticarono di togliere X dalla camicia per batterla con coscienziosa serietà!

Passarono così i giorni nel campo di Fossoli, ma stranamente non ci domandavamo quale sarebbe stato il nostro futuro!

Per quanto ricordo sembrava di vivere in una specie di Limbo, sperando con ottimismo eccessivo che la permanenza nel campo di Fossoli fosse la nostra condanna!

3

Il viaggio (21-24 giugno 1944)

Rivivo la mia permanenza a Fossoli come una condizione di felice semi torpore; il risveglio fu improvviso e doloroso.

La mattina del 21 giugno fui chiamato insieme ad altri compagni e tutti fummo inquadrati sul piazzale antistante le baracche.

Tutti avevano il loro bagaglio ad eccezione di me e di Guido.

A Fossoli infatti era possibile ricevere dall'esterno pacchi con indumenti e vettovaglie che arrivavano quasi integri ai destinatari; molti quindi avevano valigie capienti con scorte di scatolame, che in seguito risultò molto utile.

Ricordo il primo episodio di violenza cui fui costretto ad assistere.

Fino a quel momento avevo visto solo le conseguenze di un pestaggio.

Il maggiore F., ex ufficiale di cavalleria, fu violentemente strattonato da una SS, perché doveva uscire più velocemente dalla baracca.

Non posso dire che F. si sia ribellato, ma si svincolò dalla presa del soldato nazista, assumendo contemporaneamente l'atteggiamento di chi esige rispetto.

Questo non poteva essere tollerato da chi riteneva di appartenere alla razza superiore e quindi fu immediatamente colpito più volte dal mitra usato come clava, finché il caricatore ferì profondamente il cuoio capelluto di F. facendolo sanguinare abbondantemente.

Solo la vista del sangue sembrò placare le SS e F. poté raggiungere il nostro gruppo tamponandosi come meglio poteva l'ampia ferita con i fazzoletti prontamente messi a disposizione dai compagni.

Poco dopo arrivarono alcuni camion sui quali fummo fatti salire per essere portati alla stazione ferroviaria di Carpi, sotto abbondante scorta.

Un lungo treno composto da rossi carri bestiame ci attendeva sui binari!

Divisi in gruppi di circa cinquanta prigionieri fummo fatti salire sui carri, dove rimanemmo con i portelloni aperti per diverse ore. Quante? A me parvero moltissime. Ad un certo momento vedemmo avvicinarsi al treno in sosta una colonna di carri e carretti carichi di cassette di frutta che furono caricate su tutti i vagoni. I contadini della zona consapevoli di quanto ci attendeva provvedevano volontariamente a donare il frutto del loro lavoro per evitare o almeno limitare i sintomi della fame e soprattutto della sete che avremmo patito durante il viaggio che stavamo per compiere. Il nostro vagone fu rifornito in abbondanza di ciliegie, pesche, albicocche che resero il nostro viaggio non così terribile, come nelle intenzioni dei nostri aguzzini. Infatti non ci furono distribuzioni di viveri o di acqua da parte delle SS per tutta la durata del viaggio; fortunatamente molti compagni di carro bestiame avevano scorte di cibo con loro.

La domanda che tutti noi ci ponevamo era: «Dove ci stanno portando? Con quale scopo?» L'unica risposta che riuscivamo a darci era che ci avrebbero portato a lavorare in Germania. Non sapevamo nulla di più, ma ottimisticamente nutrivamo ancora un po' di speranza! Se ci facevano lavorare era segno che avevano bisogno di noi. Tutti conoscevamo le campagne di reclutamento della Todt, che erano continue e insistenti; un discreto numero di giovani vi aveva aderito, preferendo scavare trincee piuttosto che presentarsi al distretto militare della RSI per fare il soldato in camicia nera.

I lavoratori volontari Todt erano infatti esentati dal servizio di leva. Essere mandati a lavorare non faceva dunque presagire alcuna tragedia. Il popolo italiano non era a conoscenza dell'esistenza dei lager nazisti! Come bestie da macello andavamo incontro alla morte assolutamente ignari del nostro destino.

Prima di lasciare il campo però una minaccia ci era stata fatta in modo molto esplicito: per ognuno di noi che fosse fuggito sarebbero stati fucilati dieci degli altri! Ancora non ci rendevamo conto che le minacce delle SS potevano diventare realtà!

Le ore passavano lente sul vagone fermo sotto il sole di fine giugno sul binario di Carpi. Dei miei compagni di viaggio ricordo solo Guido, il maggiore F. ed un istriano, residente a Firenze, di nome K., piuttosto grosso e simpatico.

K. parlava diverse lingue, tra cui il tedesco; anche sua madre era stata arrestata e si trovava nelle carceri di Santa Verdiana insieme a mia madre e a mia sorella Anna.

Gli altri compagni di viaggio sono senza volto e senza nome.

Il mio trasporto fu il numero 53, portava in Austria 475 persone.

Queste informazioni le devo al lungo e paziente lavoro di ricerca del compagno di deportazione Italo Tibaldi, che ha dedicato tutte le sue energie al consolidamento della memoria e alla scrittura della storia della deportazione italiana nei lager nazisti.

Finalmente nel pomeriggio, quando il sole era ancora alto, con grande fragore i portelloni dei vagoni vennero chiusi uno per uno, ed il gancio fu sigillato dall'esterno. Ci ritrovammo per un attimo in una quasi totale oscurità; eravamo attoniti e confusi e a fatica potemmo di nuovo distinguere il contorno delle cose alla luce fioca che entrava dall'unica apertura rettangolare posta in alto sul lato sinistro del vagone. A questa finestra mancava la griglia di ferro, che era stata sostituita all'esterno da filo spinato. Questa apertura era l'unica sorgente di luce e di aria per il vagone in cui eravamo ammassati in cinquanta. Finalmente il treno si mosse, acquistò velocità e noi provammo sollievo per quel po' d'aria che entrava all'interno.

L'amico Guido ed io eravamo entrambi seduti appoggiati alla parete di fondo del vagone. Il mio amico era ancora dolorante, la mano sinistra era slogata e quasi insensibile, probabilmente a causa della compressione di qualche nervo, dovuta alle torture subite dalla Banda Carità; tutto questo era particolarmente grave essendo Guido mancino.

Fra uno scossone e l'altro il treno si dirigeva verso nord, mentre si approssimava la sera e la luce nel vagone si faceva sempre più fioca.

Nel fondo di una delle cassette di frutta fu trovata una lamina di ferro lunga circa sessanta centimetri; probabilmente era stata nascosta lì per permetterci di far saltare il gancio del portellone, introducendola nella fessura fra la porta e la parete del vagone. Non ricordo però che ci sia stato alcun tentativo di fuga in questo modo: infatti sarebbe stato più agevole per tutti saltare dal pavimento del vagone dopo aver aperto lo sportello. Non ho però ricordi precisi; sicuramente ebbero luogo varie discussioni fra i favorevoli alla fuga e quelli che la ritenevano troppo pericolosa. Non ci fu quindi una decisione collettivamente condivisa. Ricordo però che uno di noi fu sollevato orizzontalmente alla altezza dell'apertura, ed a forza di calci riuscì a divellere il filo spinato. Liberata l'apertura, che era lunga circa ottanta centimetri e alta quaranta, alcuni coraggiosi, contorcendosi per passare attraverso l'esigua apertura, si gettarono dal treno in corsa, atterrando sul binario parallelo a quello sul quale si stava viaggiando. Il salto era di oltre tre metri, non era possibile prendere lo slancio o mettersi nella direzione di marcia; era anche molto probabile finire sotto le ruote del treno in corsa. Talvolta il convoglio rallentava, soprattutto in prossimità delle stazioni principali, ma la velocità era comunque elevata. All'interno delle stazioni poi la fitta rete di scambi rendeva ancora più difficile atterrare sulla massicciata dei binari. Infine le SS di guardia, piazzate anche nelle garitte dei frenatori, sparavano a tutto ciò che si muoveva sui binari. Forse erano poche le probabilità di colpire i fuggitivi, ma su di noi l'effetto di quegli spari era paralizzante.

Nell'agitazione che regnava nel vagone io rimanevo accanto a Guido senza sapere che cosa fare; avevo una paura folle di fare quel salto, sapevo poi che Guido, date le sue condizioni, non avrebbe mai potuto tentare la via della fuga.

Avere in tasca il documento di riconoscimento, il capitale di due mila lire, e la mia giovane età mi avrebbero dato maggiori probabilità di altri di farla franca. Solo la testa rapata di fresco avrebbe potuto crearmi qualche problema, ma in tempo di guerra la rasatura a zero era piuttosto frequente sia per ragioni igieniche sia perché i barbieri erano rari e costosi. Non ebbi comunque il coraggio di tentare l'avventura.

Se solo avessi potuto immaginare quali e quante sofferenze avrei dovuto affrontare, mi sarei lanciato a capofitto rischiando il tutto per tutto, così come aveva fatto mio padre!

In quella folle nottata K. provò più e più volte a passare dall'apertura, ma essendo troppo corpulento riusciva a mala pena a far passare le spalle. Dovette desistere anche perché quelli che volevano fuggire protestavano in quanto perdevano, dato il suo indugiare, i momenti più favorevoli. Povero K.! Lo rividi in seguito a Wiener Neustadt, uno dei campi in cui fui deportato, in condizioni tali per cui sarebbe comodamente passato dall'angusta apertura del nostro vagone; purtroppo non è più tornato perché nonostante la conoscenza della lingua tedesca, essendo persona gentile ed educata, sicuramente non aveva potuto far carriera nella gerarchia dei lager.

Mentre il treno stava entrando nella stazione di Trento, il maggiore F., ferito alla testa, che aveva annodato due fazzoletti intorno al viso per tamponare la ferita, riuscì a saltare dal vagone proprio all'inizio della pensilina della stazione. La sua fuga riuscì nonostante la sua vistosa e precaria medicazione.

Forse a Bolzano, quando appena iniziava ad albeggiare, si aprì la porta del vagone e gli uomini di guardia constatarono la mancanza di otto prigionieri. Ci fu un po' di trambusto: anche da altri vagoni si erano verificate fughe.

Pendeva su tutti noi la spada di Damocle della decimazione, cioè dieci fucilati per ogni fuggitivo! Il treno ripartì a giorno fatto, ma quando iniziò la salita verso il Brennero, la velocità fu ridotta al minimo: si procedeva quasi a passo d'uomo. Il portellone era aperto e un soldato armato di mitra era pronto a far fuoco su chiunque si fosse avvicinato all'uscita. Così stipati nel ridotto spazio disponibile sentivamo distintamente lo sbattere delle ruote sulle giunture dei binari. Forse quel suono ritmico acuì la paura che cominciava a serpeggiare fra di noi!

Era una paura fredda: non c'erano pianti, né lamenti, neppure sommessi, né venivano pronunciate parole, ma in un silenzio assoluto con gli occhi sbarrati e le bocche serrate sentivamo palpabile la paura che ci veniva dalla certezza di finire i nostri giorni su di una radura dove fosse possibile mitragliare più di ottanta persone!

È difficile descrivere quella sensazione di paura: nella mia giovane vita non l'avevo mai provata. Gli avvenimenti che si erano succeduti nei giorni precedenti li avevo vissuti quasi con un senso di distacco, come se fossero proiettati su uno schermo ed io fossi un semplice spettatore. Eppure ero stato più volte minacciato con le armi e sapevo benissimo che non era un gioco. Questa volta era diverso. Sentivo, e come me tutti gli altri, che era in gioco la mia vita; mi faceva veramente stare male l'idea di finire crivellato dalle pallottole in una sperduta valle alpina.

Comunque questa prima grossa, grossissima paura mi immunizzò rispetto a tutte le situazioni tragiche e pericolose che avrei dovuto affrontare nel corso della mia prigionia.

In «Per chi suona la campana» Hemingway ha descritto magistralmente l'odore laido della paura, ma non che cosa si prova: io mi sentii completamente vuoto dentro e quasi immerso in un liquido viscoso che pareva limitare o rendere lentissimi i movimenti del corpo.

Il treno proseguiva lento, la guardia era sempre più minacciosa, forse era anche più impaurita di noi, ma questo pensiero era l'ultimo che potesse affacciarsi alla nostra mente.

Passarono la mattinata e il pomeriggio senza che accadesse nulla. Incominciò ad imbrunire, ormai eravamo in Austria, e ingenuamente ci sentimmo più tranquilli anche se dubbiosi: la nostra condanna era stata annullata o solo procrastinata?

Non fummo fucilati, allora; ma meno del 10% dei componenti del nostro convoglio ritornò in Italia nel 1945 dopo la liberazione.

Non ricordo altro del viaggio. Il vagone fu nuovamente sigillato dall'esterno, facendo svanire così tutte le ottimistiche voci su un possibile attacco al convoglio da parte dei partigiani prima emiliani, poi veneti ed infine alto atesini per liberare i deportati. Quante illusioni gli uomini si costruiscono in situazioni critiche o incerte! Non ci furono altre fermate tranne quelle per farci scendere a vuotare i buglioli, che si trovavano sui vagoni, e per espletare le nostre funzioni fisiologiche. Proseguimmo così ancora il 23 e il 24 giugno, vedendo di sfuggita dall'apertura cui era proibito avvicinarsi, boschi, colline, punte di campanili. Finalmente la sera del 24 giugno il treno si fermò. I portelloni furono aperti e nella incerta luce dei lampioni che illuminavano la pensilina completamente deserta leggemmo il nome della nostra stazione d'arrivo: MAUTHAUSEN!

Urla gutturali, abbaiare di cani, rumori a noi sconosciuti si incrociavano nella sera, finché messi in fila, e sospinti come pecore spaurite ci allontanammo dalla stazione, scortati da due file di soldati armati, verso una ancora più ignota destinazione.

Molti di noi erano carichi di bagagli e quando la strada cominciò a salire verso una collina la fatica fu più pesante. Ricordo un anziano signore con una grossa valigia, che quasi sfinito dalla fatica tentò di lasciare il suo bagaglio sul bordo della strada. Una SS di scorta lo colpì più volte con inaudita violenza con il calcio del fucile alle spalle e alle reni, finché il poveretto dovette riprendere il suo grosso bagaglio. La SS non permise neppure che altri lo aiutassero a portare il suo fardello.

Era la prima brutalità cui assistevo in terra austriaca e quindi non solo è indimenticabile, ma in qualche modo fu l'annuncio del mondo terribile che stava per accoglierci, e in cui si aveva l'impressione di precipitare.

Al sommo della salita mi colpirono due cose: un chiarore sempre più netto che mi permise di distinguere chiaramente tutta una serie di lampioni che illuminavano sequenze interminabili di filo spinato che circondavano baracche buie e silenziose. A differenza di Fossoli il filo spinato era fissato ad isolatori di porcellana bianca: era evidentemente percorso da corrente elettrica. E poi un acre odore di carne bruciata si spandeva tutt'intorno provenendo da un alto camino situato all'interno del campo, dal quale si alzava una lingua di fuoco sormontata da un pennacchio di denso fumo nero.

Due tozze torri ai lati di un pesante portone ci apparvero all'improvviso. Il portone si aprì lasciando passare la nostra colonna e si chiuse dietro di noi con un tonfo sordo: eravamo entrati nel Konzentrationslager di Mauthausen.

4
L'arrivo

Il gruppo dei nuovi arrivati di cui facevo parte fu condotto a destra, nel cortile lastricato che fu poi soprannominato «Muro del Pianto».

Era buio, ma le luci delle mura perimetrali illuminavano i fili spinati fermati ai supporti di ferro, inclinati verso l'interno, con dei grossi isolatori di ceramica bianca.

Erano evidentemente percorsi da corrente elettrica, ad un voltaggio tale da provocare la morte di chi li avesse toccati, come purtroppo ho potuto in seguito constatare.

Il pavimento del cortile era appunto lastricato con lastre di cemento, mentre il pavimento dell'Appellplatz, che si trova di fronte al portone, era in terra battuta spianata. Un gruppo di prigionieri doveva infatti trascinare per tutto il giorno un grosso e pesante cilindro di pietra per compattare e spianare il terreno fino a renderlo liscio come un biliardo.

Probabilmente il pavimento del cortile del «Muro del Pianto» era lastricato per impedire ai prigionieri, in quel momento ancora in possesso dei loro averi, di seppellirvi oggetti di valore, con l'illusione di poterli recuperare in un secondo tempo.

Fummo lasciati nel cortile per tutta la notte senza che qualcuno si interessasse a noi; alle due estremità del cortile c'erano alcuni guardiani che ci impedivano di allontanarci dalla zona assegnata.

Per fortuna molti di noi avevano indumenti e viveri in abbondanza, ed anche se eravamo sulla nuda pietra potemmo sistemarci per trascorrere la prima notte alla meno peggio.

Le prime luci dell'alba illuminarono il nostro bivacco forzato quando alcune persone curate nell'aspetto, in un italiano approssimativo, ci chiesero se avevamo denaro, oro, gioielli, od altre cose preziose da dare loro in custodia, promettendo di restituirceli appena entrati definitivamente in campo. Questo fu il nostro primo contatto con i Kapos e i Prominenten del campo. Il loro comportamento era molto circospetto, perché ben sapevano di violare il regolamento ferreo del lager, sottraendo alle SS parte di tutti quei beni che ci sarebbero stati razziati al momento dell'immatricolazione.

Pochi vennero in contatto con i nuovi arrivati, ma qualcuno di noi, fiducioso oltre ogni limite, consegnò loro tutti i suoi averi: proprio ai nostri peggiori aguzzini, volonterosi collaboratori delle SS.

Passò così tutta la giornata; il sole tramontò e tutti noi eravamo ancora seduti sulle pietre del cortile.

Finalmente all'imbrunire arrivò una squadra di uomini comandata da un individuo che indossava un giaccone blu, in seguito capimmo che quel giaccone era indossato da chi occupava una posizione importante nella scala gerarchica. Il capo del gruppo ci rivolse in tedesco un lungo discorso che fu tradotto da uno di noi; non ricordo con precisione le parole, ma il loro senso era molto chiaro: eravamo lì perché costituivamo la peggior feccia del mondo, non avevamo alcun diritto e dovevamo solo lavorare ed ubbidire, infine ci indicò l'ingresso, cioè il portone, e l'uscita, cioè il camino del crematorio che eruttava fumo denso e nero con fiamme che si alzavano ben al di sopra della cima della ciminiera. Crollarono immediatamente tutte le nostre speranze! La macchina del lager si mise rapidamente in moto: ci fu immediatamente ordinato di spogliarci completamente, lasciando ogni nostro avere nel cortile.

Così nudo stringendo tra le mani le poche cose che avevo portato dall'Italia scesi con gli altri compagni la stretta e ripida scaletta che conduceva alle docce. Entrammo in una grande stanza grigia dove con aria torva alcuni prigionieri scrutavano i nuovi arrivati; alla nostra destra si intravedeva una strana apparecchiatura, piuttosto impressionante, si trattava però di una semplice autoclave per la disinfestazione degli abiti dai parassiti. Rapidamente e brutalmente fummo sospinti nella stanza attigua sul soffitto della quale c'erano una serie di tubazioni e soffioni di docce. Intorno alla stanza correva una specie di marciapiede, dove si piazzarono una decina di prigionieri armati di tubo di gomma nera, il cui possesso indicava che chi lo maneggiava faceva parte della gerarchia interna del lager.

Una corroborante doccia calda ci investì: fu la prima sensazione piacevole da quando eravamo partiti dall'Italia; ma non facemmo a tempo a godere di quel rilassante tepore che il getto divenne improvvisamente gelido. Chi tentava di sottrarvisi cercando di salire sul marciapiede veniva risospinto sotto l'acqua gelata a colpi di tubo distribuiti senza risparmio sui nostri corpi nudi.

I getti caldi e freddi si alternarono quattro o cinque volte, poi storditi ed infreddoliti fummo ricondotti nella stanza adiacente. Sulla porta un addetto ci scriveva un numero sulla spalla bagnata con una matita copiativa, se ben ricordo a me capitò il numero 9. Il numero indicava da quale barbiere dovevamo andare per essere completamente rapati, rasati e depilati. Infatti ognuno di noi doveva salire su uno sgabello numerato accanto al quale un individuo armato di rasoio o macchinetta avrebbe eliminato ogni traccia di pelo dal nostro corpo. Il fatto di non avere ancora la barba fu per me una gran fortuna, perché per gli adulti la rasatura fatta con lame non affilate e da mani inesperte fu veramente una tortura. Questa rasatura periodica avveniva ogni settimana e poteva accadere che il barbiere ufficiale della baracca, con la promessa di un supplemento di zuppa, affidasse alcuni rasoi a chi si spacciava per barbiere, in cambio di qualche beneficio.

In quella bolgia di corpi nudi che venivano sospinti con botte ed urli in una lingua incomprensibile, ebbi la mia prima fortuna: al numero 9 corrispondeva infatti un barbiere munito di macchinetta, quindi la mia rasatura e la mia depilazione non furono particolarmente dolorose.

Tra botte, comandi urlati in una lingua incomprensibile e violenza gratuita iniziò anche il nostro processo di spersonalizzazione, premessa fondamentale dell'intero sistema concentrazionario nazista. Un uomo nudo, privato di tutto, umiliato da percosse ingiuste e da incomprensibili improperi, vessato oltre ogni limite e mescolato in un coacervo di altri corpi nudi, può difficilmente mantenere la dignità che contraddistingue l'essere persona.

La rasatura era finita, tutti in fila passammo davanti a tre individui in camice bianco, forse prigionieri medici, che esaminando la bocca e palpando i genitali decidevano della sorte di ciascuno di noi. Del nostro gruppo furono trattenute due persone, una piuttosto anziana e l'altra con una protesi ad un braccio. Non sapevamo che i due sarebbero presto stati eliminati nella camera a gas.

Avevamo superato la nostra prima selezione!

Ricevemmo poi una camicia ed un paio di mutandoni bianchi e azzurri, con cui potemmo finalmente coprire le nostre nudità e poi di corsa fummo sospinti su per la scaletta verso il grande cortile dell'Appellplatz. Il pietrisco ci feriva i piedi nudi, ma fummo subito inquadrati e a passo di marcia, nonostante il dolore, ci dirigemmo verso il campo di quarantena. I comandi naturalmente erano in tedesco, ma ci volle poco a capire il loro significato, perché chi sbagliava riceveva colpi di tubo accompagnati da schiaffi, pugni e pedate: in quel breve tratto di strada diventammo perfetti marciatori!

5

Mauthausen
La prima quarantena
(24 giugno-19 luglio 1944)

Il campo di quarantena era un lager all'interno del lager; le baracche erano isolate le une dalle altre e davanti ad ognuna c'era un cortile chiuso alle due estremità da filo spinato, ma munito di cancello d'ingresso. Ogni baracca era un microcosmo a sé stante su cui dominava, despota assoluto e non sottoposto ad alcun controllo, il capo-baracca, Blockältester, che aveva totale diritto di vita e di morte su noi deportati. Due capi-camerata, Stubendienste in tedesco, lo scrivano e il barbiere costituivano la gerarchia fissa della baracca, inoltre alcuni addetti alle pulizie, Stubendienste, amichetti ed amanti dei Prominenten completavano ufficiosamente la gerarchia interna. Era pericolosissimo urtarsi con tutti i componenti di questa gerarchia, perché il loro potere era inappellabile.

Si aprì dunque davanti a me il cancello della baracca 17, e finalmente pensavo di potermi riposare. Le emozioni di quel giorno, e dei giorni precedenti, erano state troppo numerose ed intense; non mi rendevo conto di dove fossi, l'abisso del male dove ero caduto ancora non aveva iniziato a rivelarsi. Ero attaccato come un'ostrica al mio amico Guido, che anche se ancora malconcio per le torture subite, mi dava un altissimo senso di sicurezza. Rivedevo, più stupito che impaurito, passare davanti ai miei occhi tutti gli avvenimenti degli ultimi due giorni. Avevo smesso di essere un ragazzo coccolato e timido, ed ero diventato un Häftling, con il numero di matricola 76430. Ignoravo di essere nell'unico lager di terzo livello del sistema concentrazionale nazista, riservato agli irriducibili, soprannominato «lager tritaossa» e diventato campo di sterminio dopo la circolare Pohl del 30 aprile 1942. Entrammo nella Stube di destra, a terra erano sistemati dei paglierici riempiti di trucioli di legno. Dovemmo disporci su due file di fianco ai materassi, ci fecero coricare appoggiati sul fianco offrendo i nostri piedi come guanciale al vicino. Qualche coperta stesa dagli Stubendienste sopra i nostri corpi doveva ripararci dal freddo della notte. Ricordo comunque che dopo pochi minuti ci addormentammo così profondamente, che la mattina arrivò troppo in fretta. Iniziò così il primo giorno di prigionia nel campo di quarantena che costituiva il magazzino umano dei pezzi, Stücke, dal quale venivano prelevati gruppi più o meno consistenti di deportati per essere inviati alle varie industrie tedesche che sfruttavano il nostro lavoro di schiavi.

Fortunatamente quasi tutta la baracca era occupata da italiani, quindi i primi giorni ci illudevamo che saremmo stati divisi per nazionalità, ma purtroppo non fu così. Ogni tanto arrivava una SS con un elenco di numeri, che lo scrivano della baracca, un polacco, chiamava a gran voce, naturalmente in tedesco. I prescelti erano rivestiti con divise a righe grigie e blu, zoccoli e berretto. Si allontanavano quindi a passo di marcia dalla baracca, e il loro destino era a noi completamente ignoto. Vidi così partire i due M. miei compagni di cattura e di cella, e tanti altri di cui non ricordo il nome. Le giornate trascorrevano lente e monotone; la mattina la sveglia era alle cinque, non potevamo però utilizzare né il gabinetto né il lavatoio della baracca, riservati alla gerarchia del lager. Noi dovevamo arrangiarci e usare la buca della fogna al centro del cortile, sopra la quale era stato eretto una specie di trespolo formato da alcuni pali sui quali, in equilibrio instabile bisognava accoccolarsi per i nostri bisogni. Di lavarsi non era neanche il caso di parlare! Sopra la porta d'ingresso al centro della baracca c'era un tubo che terminava con un soffione di doccia, ma questo era utilizzato solo ed esclusivamente per punizione, cioè quando dopo il controllo dei pidocchi era stato trovato sui nostri corpi qualche ospite indesiderato. Il mal capitato deportato bersagliato di colpi di tubo, doveva allora rimanere sotto la doccia gelida per un tempo indefinito. Non avevamo né acqua né sapone per lavarci, quindi l'igiene era inesistente, ma la logica del lager imponeva che anche i pidocchi obbedissero agli ordini dei Kapos!

Trascorsero alcuni giorni prima che ci dessero qualche indumento e ci assegnassero il numero di matricola stampigliato su un pezzetto di latta da legare al polso sinistro e su due pezzi di stoffa da cucire sulla parte esterna del pantalone sinistro e sulla giacca. Ci furono distribuiti a casaccio alcuni indumenti provenienti dalle razzie naziste in tutta Europa. Sulla parte posteriore delle giacche era stata tagliata una parte sulla quale era stato poi cucito un pezzo di stoffa a righe blu e grigie; sugli indumenti inoltre con vernice indelebile di smalto rosso erano state dipinte delle strisce, così da rendere facilmente identificabili anche a distanza gli abitanti del lager. Con questi indumenti non era possibile uscire dal lager, infatti durante gli spostamenti successivi indossammo la divisa a righe. Le belle giacche di panno blu con il classico berretto con visiera ed i morbidi stivali di pelle erano riservati ai Kapos. Con i nostri abiti di recupero sembravamo proprio un branco di straccioni! Rapati di fresco, scalzi, infagottati di indumenti di recupero pieni di pidocchi ci guardavamo l'un l'altro senza sapere se ridere o piangere. M. decise di sdrammatizzare la situazione ed avendo avuto per caso un paio di pantaloni da cavallerizzo, con tanto di sbuffi laterali, si atteggiò ad aristocratico in procinto di partecipare ad un concorso ippico riservato a nobili titolati. Questo suo sdrammatizzare la situazione fu una gran prova di intelligenza e di dignità!

Il primo grave problema che fummo costretti ad affrontare fu quello di cucire le strisce di stoffa col nostro numero di matricola: infatti secondo la logica del lager ago e filo non erano disponibili e quindi era necessario *organisieren* cioè arrangiarsi. Fortunatamente S. F. era riuscito a fabbricarsi un ago utilizzando un pezzetto di fil di ferro, ripiegato per fare la cruna, e poi accuratamente appuntito e lisciato su un pezzetto di pietra. Recuperando un po' di filo dagli orli sfrangiati della nostra biancheria fu possibile così evitare le botte che i Kapos ci avrebbero somministrato se ci avessero scoperti senza numero di matricola.

Ricordo che fummo interrogati singolarmente, declinammo le nostre generalità e dovemmo dare indicazione della professione svolta prima dell'arresto. Alcuni mentirono sulle loro attività: si dissero cuochi o infermieri nella speranza di una migliore destinazione. Io mi qualificai come studente, correndo un bel rischio. Infatti tutti coloro che erano definiti intellettuali, cioè insegnanti, studenti, medici, avvocati dovevano essere innanzitutto umiliati e quindi destinati ai lavori più faticosi.

Il ricordo più terribile di quei primi giorni è quello delle attenzioni molto particolari che ricevetti dal capo-baracca. Una notte, mentre dormivo tra i miei angeli custodi Guido ed Enzo, fui svegliato dalla luce di una pila e dal Kapo che mi fece cenno di seguirlo. Frastornato dal sonno non reagii nemmeno quando mi fece cenno di sdraiarmi sulla cuccetta inferiore del letto a castello della sua stanza; nella mia totale ingenuità pensai che lui volesse dormire nel letto superiore! Invece si sdraiò accanto a me e cominciò a toccarmi tentando di baciarmi appassionatamente.

Io mi irrigidii fino allo spasmo, tanto da sentire un acuto dolore fisico ai muscoli contratti. Infine trovai il coraggio di scavalcare il corpo robusto del capo-baracca per tornare fra i miei amici; mentre mi alzavo mi afferrò per un braccio ed io mi sentii gelare: ma mi diede solo alcune caramelle e mi lasciò andare; voleva comprare il mio silenzio. L'omosessualità era severamente punita dal regolamento delle SS, anche se era certamente praticata nel campo e tra i militari stessi, ma ufficialmente non poteva essere accettata.

Non raccontai nulla ai miei amici, ma il breve tempo trascorso fra la chiamata del Kapo ed il mio ritorno fece loro capire che l'avventura si era conclusa bene per me.

Nel campo di quarantena soprattutto il cibo era fonte di ansia e di abbrutimento.

Indossavamo ancora camicia e mutande e nessuno ci aveva fornito di alcun recipiente per contenere la zuppa, che era distribuita verso mezzogiorno, né di un cucchiaio per mangiarla.

Se la memoria non mi inganna, dovetti «comprare» una vecchia ciotola di ferro, un tempo smaltata, ed un cucchiaio da un altro deportato che chissà come se li era procurati. Tale acquisto comportò la rinuncia ad una o due razioni di pane e ad un pasto serale, costituito di solito da un microscopico pezzetto di margarina e da un terzo di pane a cassetta, i cui ingredienti, oltre la farina, erano molta crusca e segatura usata al momento della sfornatura delle pagnotte.

Durante il primo periodo di permanenza nel lager non era un gran sacrificio rinunciare alla zuppa; i nostri stomachi non sopportavano ancora quel sapore, e la fame non era ancora riuscita a trasformarci completamente.

Non sospettavamo di godere di un periodo fortunato dal punto di vista alimentare!

Infatti la zuppa di grano ed orzo bolliti era molto densa, e più volte l'ho sognata e desiderata durante la successiva prigionia. Molto spesso non apprezziamo le cose buone quando le abbiamo!

Gli unici che mangiavano senza problemi erano i condannati per reati comuni, che erano stati aggregati al nostro gruppo a Fossoli. Abituati al cibo delle carceri e alla reclusione, molti di loro infatti stavano scontando lunghe pene detentive, si adattarono più facilmente alle condizioni del campo di quarantena. Alcuni di loro anzi cercarono di aiutarci nella difficile impresa di adattamento a quella vita! Il loro comportamento è sempre stato leale e corretto nei confronti degli altri italiani, ed in special modo nei miei riguardi.

Una mattina fummo trasferiti, ma solo per un giorno, in un altro blocco. Questo cambiamento ci permise di compiere due nuove esperienze: diverso cibo e un nuovo capo-blocco.

La solita zuppa di grano bollito fu sostituita da un denso minestrone di verdura; essendo ghiotto di minestrone, mi si allargò il cuore alla vista di quei grossi pezzi di verdure e di patate che scivolavano nelle gamelle; fui anche fortunato perché il mio turno giunse quando era già stata distribuita la parte superiore più liquida, e mi ritrovai dunque la gamella piena di quella che credevo una delizia. Non feci caso all'odore, ma appena misi in bocca la prima cucchiaiata il sapore delle rape da foraggio, che avevo scambiato per patate, mi strinse la gola e mi diede la nausea.

Purtroppo le rape divennero da quel momento l'ingrediente fondamentale della nostra alimentazione, ma non essendoci altro ci abituammo pian piano a quel sapore dolce-salato, che comunque ancora oggi, a cinquant'anni di distanza, detesto!

Anche il nuovo capo-blocco non fu un'esperienza positiva; mentre il precedente, di nome Hans, era alto e distinto, questo era basso e tarchiato. Erano entrambi crudeli, ma al secondo piaceva picchiare personalmente, non delegava questo compito ai suoi assistenti. Durante l'appello un minimo ritardo nella cerimonia del *Mützen ab* era selvaggiamente punito. Inoltre per contare le file di cinque deportati portava con sé un grosso cacciavite, e passando di fronte al primo della fila lo colpiva violentemente allo stomaco con il manico dell'attrezzo; se il malcapitato accusava il colpo, continuava a investirlo con violenza finché non rimaneva impassibilmente immobile.

Nella baracca 17 i pochi giorni trascorsi apparivano moltissimi, soprattutto per la loro monotonia: al mattino sveglia presto, quindi tutti fuori nel cortiletto antistante la baracca fino alla sera, quando tornavamo a fare le sardine sui pagliericci. Giorno dopo giorno il numero degli italiani diventava sempre più esiguo; arrivavano infatti prigionieri di altre nazionalità, e la baracca cominciò a risuonare di bestemmie e parolacce in tante lingue sconosciute. Aumentando il numero dei prigionieri, dormire diventava un incubo: ricordo che una sera su quattro pagliericci dormimmo in ventidue!

Un giorno ero in piedi nel cortile, abbastanza vicino al cancello d'ingresso con i miei amici, quando mi sentii colpire al fianco da un oggetto che mi affrettai a raccogliere: con mia grande sorpresa vidi che si trattava di una saponetta; mi guardai intorno e vidi solo alcune persone che stavano transitando nel corridoio a fianco del recinto della baracca. I miei amici mi dissero di tenermi caro il sapone, che anche se di qualità scadentissima, era un bene molto prezioso anche per eventuali baratti.

Ho capito solo molto tempo dopo perché quel pezzo di sapone era stato destinato proprio a me: l'organizzazione internazionale clandestina di resistenza di Mauthausen voleva farmi capire che ero stato riconosciuto, e che avrei ricevuto tutto l'aiuto che in quelle circostanze sarebbe stato possibile.

Forse la mia giovane età, il mio comportamento, l'essere figlio di un personaggio importante della Resistenza, e l'essere insieme ad un altro componente di Radio CORA, cioè lo «zio» Guido Focacci, avevano suscitato l'interesse del comitato clandestino, che ha salvato dalle camere a gas e da devastanti lavori forzati vari esponenti della Resistenza Europea.

Chi legge non pensi però che io abbia goduto di particolari privilegi: lavoro, fame, botte e patimenti vari non mi sono mai stati risparmiati; questa particolare eguaglianza non ammetteva eccezioni in lager.

Mi capitarono eventi fortunati però: ad esempio lavorare in un'officina invece che a turni di scavo in cave o gallerie. Ma la fortuna più grande è stata quella di poter rimanere molto a lungo con Guido Focacci, che spacciavo per mio zio. Le SS non sospettarono mai questo legame di solidarietà, sentimento umano assolutamente vietato dall'etica nazista nel mondo dei sotto-uomini.

I miei compagni di deportazione, con i quali ero arrivato a condividere la permanenza nella baracca 17, costituivano un gruppo del tutto eterogeneo, composto di politici e delinquenti comuni, fra questi G.L., che aveva ucciso moglie e figlia, era persona fortemente disturbata nel comportamento. In quei giorni avrebbe dovuto scadere il tempo della sua condanna, quindi chiedeva a tutti i Prominenten quando sarebbe avvenuta la sua liberazione; naturalmente la risposta consisteva in sonore risate, ma lui non si dava per vinto! Tra l'altro aveva l'abitudine di toccare il suo interlocutore, e per tale misfatto era selvaggiamente picchiato. Addirittura voleva portare la sua richiesta al graduato SS presente all'appello mattina e sera: fu per fortuna dissuaso, ma non sopravvisse alla deportazione.

Un altro tipo strano era P., fiorentinaccio di Borgo Allegri, uno dei rioni più popolari di Firenze, dove risiedeva gran parte dei ladri, ladruncoli e truffatori della città. Anche P. dichiarava apertamente di essere ladro di professione, ma avendo aiutato i partigiani in difficoltà era stato arrestato e conseguentemente deportato come politico.

«Allora io fo il politico» dichiarava con il suo vocione profondo.

N. invece era una triste figura: interprete presso la sede delle SS di Milano, era anticipatamente a conoscenza dei rari mandati di scarcerazione di detenuti politici di San Vittore; si presentava dunque alle loro famiglie promettendo la liberazione del loro parente in cambio di denaro o preziosi. Il suo gioco fu scoperto, e fu inviato a Fossoli e a Mauthausen con il nostro convoglio. La sua perfetta conoscenza del tedesco e della mentalità nazista gli permise di comprendere immediatamente le regole non scritte del lager e di fare carriera. Per farsi amico il capo-baracca denunciò alcuni di noi che erano riusciti a introdurre in campo alcuni oggetti preziosi. Mostrarsi violenti verso gli altri, cioè i propri compagni, fare delazione e ogni genere di bassezze erano in lager titoli di merito, senza però urtare la suscettibilità o creare invidia in chi già ricopriva una qualche posizione di comando; ma N. era bravo anche in questo. Lo vidi picchiare i compagni una sola volta, segno del suo perfetto inserimento tra i Prominenten.

Vorrei parlare dei tanti amici che mi circondarono con il loro affetto protettivo; posso dire che erano molti, ed anche se non li ricordo uno per uno, sono loro grato per la solidarietà dimostratami in quelle circostanze, solidarietà che avrebbe potuto loro costare la vita.

Fra le persone a me più vicine, oltre a Guido, voglio ricordare Enzo, Elio e Sergio e D.C.

Enzo, fiorentino poco più che ventenne, era un esponente importante della Resistenza; partito da Fossoli con il mio stesso convoglio, era però su un altro vagone, perché dal mio avrebbe tentato la fuga. Parlava spesso del suo amore sfortunato per una ragazza morta nel sanatorio di Pratolino, che si trovava sotto monte Morello, sede di una banda partigiana; Enzo mi rimase accanto per tutta la deportazione, e penso che abbia anche ottenuto di essere trasferito con me dal sottocampo di Wiener Neustadt a Hinterbrühl per continuare ad aiutarmi.

È sopravvissuto alla prigionia, ma l'esperienza della deportazione aveva troppo stravolto la sua vita, e fu per lui impossibile il reinserimento nella normalità del dopoguerra. È mancato per la tubercolosi contratta in lager.

Elio era milanese, disegnatore meccanico all'Alfa Romeo, esemplare fu il suo comportamento; leale e disponibile con tutti noi, incrementava il nostro vitto giornaliero barattando gli oggetti che fabbricava durante il turno di notte con gli scarti di ottone e di bronzo delle varie lavorazioni dello stabilimento-lager di Wiener Neustadt. Il baratto avveniva con i lavoratori civili austriaci e con i lavoratori liberi francesi presenti in fabbrica. Il frutto dei suoi rischiosissimi baratti era condiviso da tutti noi! Il povero Elio è morto durante la «marcia della morte» verso Gusen, nell'aprile del 1945. Quasi giunto a destinazione fu ancora una volta ingannato dalle SS, che fecero salire su autocarri i deportati che non volevano proseguire a piedi: la destinazione era però la camera a gas di Mauthausen. Guido, che era presente e aveva subodorato la trappola lo richiamò, ma Elio fu trattenuto a suon di botte.

Sergio era anch'egli fiorentino, nato e cresciuto in San Frediano, popolare quartiere descritto nei romanzi di Vasco Pratolini, fu arrestato perché diffondeva stampa clandestina. Era un abilissimo miniaturista, attività che svolgeva per hobby; era un profondo conoscitore di opere d'arte che riproduceva su avorio. Durante la quarantena aveva realizzato due capolavori: l'ago con cui abbiamo potuto cucire i nostri numeri di matricola su giacca e pantalone, ed un mazzo di carte. Le carte le ricavò da una scatola di cartone, utilizzando poi un mozzicone di matita rossa e blu, chissà come reperita, disegnò tutti i semi e le figure delle carte napoletane: la sola vista di quelle carte ci infondeva allegria, soprattutto per l'espressione che Sergio era riuscito a conferire alle singole figure. Riuscì a sopravvivere alla deportazione e si stabilì a Roma.

D.C. era un bravo pianista milanese poco più che ventenne, ma già abbastanza famoso. Aveva ricevuto una raffinata educazione umanistica che esercitava grande fascino su di me. Essendo affetto da albinismo e da forte miopia, era per questo dileggiato dai Kapos; era inoltre incapace di reggere a pesanti lavori manuali; non è sopravvissuto.

Il tempo dunque trascorreva monotono, gli unici episodi significativi erano le urla e i pestaggi del Kapo.

Finalmente arrivò la notizia del nostro trasferimento: dopo l'appello furono chiamati vari numeri, e tra questi anche il mio; ci avvisarono che saremmo stati trasferiti in un altro campo. Fu inutile chiedere dove, come, per quale lavoro: i pochi che comprendevano il tedesco non ci dicevano nulla, o forse non volevano dirci nulla.

Il giorno successivo furono portate nel nostro blocco alcune grosse ceste contenenti le nostre nuove divise a righe grigie e blu: pantaloni, giacca, cappellino in cotone felpato, zoccoli con la suola di legno e la tomaia in stoffa e finta pelle; la biancheria intima era quella che ci era stata data all'ingresso in lager.

Essendo le scarpe prive di stringhe, ci muovevamo zoccolando rumorosamente con il rischio di perdere le nostre nuove calzature. Fortunatamente i miei indumenti e le mie scarpe erano abbastanza adatti alla mia corporatura. Con il provvidenziale ago di Sergio potemmo cucire i numeri di matricola su giacca e pantaloni.

Vissi qualche momento di vera ansia perché vedevo partire tutti i miei amici, ma il mio numero non era ancora stato chiamato! Il mio numero di matricola, il 76430 era proprio l'ultimo della lista!

Rivestiti a nuovo con le nostre divise a righe uscimmo dal blocco di quarantena e a passo di marcia, ci avviammo oltre l'Appellplatz verso il portone che si era richiuso alle nostre spalle quasi un mese prima.

Scortati da una duplice fila di soldati armati, zoccolando zoccolando, percorremmo la strada verso il paese, silenzioso e deserto nonostante fosse mattina inoltrata, fino alla stazione ferroviaria, dove fummo caricati sui soliti vagoni bestiame, in attesa di partire per la nostra nuova ed ignota destinazione.

6

Wiener Neustadt (25 luglio-19 dicembre 1944)

Non ricordo con precisione la data della partenza da Mauthausen, ma senz'altro compresa tra il 20 e il 30 di luglio.

Le giornate trascorrevano monotone ed eguali, e noi tutti avevamo perso la cognizione del tempo. Del resto anche la nostra inoperosità non dava particolare rilievo alle nostre giornate.

Eravamo ora stipati in un vagone bestiame, e anche se con indumenti puliti e calzati, attendevamo con ansia di conoscere quale fosse la nostra nuova destinazione.

Il gruppo in attesa di partire doveva essere di circa 100 persone, essendo stati caricati su due vagoni. Finalmente, dopo che furono sigillati i portelloni, il treno si mosse.

Ogni tanto il convoglio effettuava brevi soste in stazioni dai nomi sconosciuti. Solo quando leggemmo il nome Wien, ci rendemmo conto di dove eravamo.

Ricordo che mi alzai in piedi, e dal centro del vagone vidi sfilare una serie di tetti e campanili: pensai che avrei potuto raccontare di essere stato a Vienna! Incolpevole ingenuità di un ragazzo che ancora non si era reso conto del futuro che l'aspettava!

Superata la città, finalmente dopo forse un'altra ora di viaggio il treno si fermò.

Era sera inoltrata e le luci erano già accese, un imponente edificio si ergeva di fronte e noi appena scesi dai vagoni: era lo stabilimento Rax Werke, la nostra nuova destinazione, fabbrica-lager che disponeva di un proprio raccordo ferroviario.

Inizialmente lo stabilimento era destinato alla produzione aeronautica e missilistica, ma proseguendo la guerra, era ormai troppo esposto agli attacchi aerei degli Alleati; quando io vi giunsi vi si producevano battelli e tender per il trasporto di materiale bellico.

Lasciammo il vagone un po' a malincuore: che cosa ci aspettava?

Fummo incolonnati e avviati alla sinistra dell'edificio circondato da una doppia serie di reticolato elettrificato; ogni 50 metri sorgevano garitte sopraelevate al cui interno erano permanentemente di guardia SS armate. Anche i cancelli, pedonale e ferroviario, erano sorvegliatissimi.

Praticamente il grande edificio industriale era il lager! Davanti e dietro c'erano due vaste aree: quella anteriore fungeva da Appellplatz, e vi si trovava anche l'infermeria; l'area posteriore conteneva le macerie dei bombardamenti subiti. Come potemmo constatare il giorno successivo, il tetto copriva soltanto l'area che ospitava le macchine utensili per le lavorazioni meccaniche; le altre lavorazioni si svolgevano all'aperto.

Appena giunti ci condussero ad una porta che si apriva lateralmente all'edificio. Da qui partiva una scala: al piano superiore si trovavano i nostri alloggiamenti.

Infatti appena saliti fummo accolti dal capo-baracca, un triangolo verde tedesco; la sua faccia non prometteva niente di buono: aveva occhi piccoli e cattivi, un incarnato pallido e da malato, rimarcato dai capelli rossicci. Appena entrati nel refettorio, a destra della scala, ci fece il solito discorso, eravamo lì per lavorare, obbedire agli ordini, e avrebbe provveduto lui a renderci disciplinati. L'interprete era l'amico G.K., con cui ero partito da Fossoli, e che era giunto a Wiener Neustadt con il precedente trasporto. Avevamo fatto il viaggio sullo stesso vagone, ma la sua corporatura robusta gli aveva impedito di tentare la fuga insieme ad altri; quando lo rividi la sua magrezza gliela avrebbe agevolata. Solo qualche giorno dopo il mio arrivo potei scambiare qualche parola con lui, e gli chiesi perché nonostante la sua conoscenza del tedesco e di altre lingue non occupasse una posizione migliore nella gerarchie del lager, ma mi rispose laconicamente: «Mi hanno fatto le scarpe».

Non lo vidi più in seguito, so soltanto che non è sopravvissuto.

La disposizione del lager ci meravigliò molto, dopo il periodo trascorso nel microcosmo della baracca di quarantena: c'era un refettorio con tavole e panche di legno, avremmo dormito in una camerata che si apriva a sinistra della scala.

Lo stanzone conteneva letti a castello a due piani e, cosa meravigliosa, ogni posto letto era destinato a DUE SOLE persone. I letti erano uno accanto all'altro, per cui l'accesso era possibile solo da un lato, disagio compensato dal fatto che lo spessore delle assi laterali della struttura fornivano un po' più di spazio a ciascuno di noi.

Il mattino dopo fummo svegliati alle 4,30, fummo fatti scendere a pianterreno, dove alla destra dell'ingresso si trovava il lavatoio, corredato da un lungo mezzo cilindro di ferro sovrastato da un tubo forato da cui zampillava acqua gelida; non avevamo sapone o asciugamani, ma così stava scritto nel regolamento dal lager.

Nel risalire al primo piano vedemmo che a destra era sistemata la cucina, ed un cartello indicava la zuppa del giorno; anche questa era una piacevole novità!

Il cartello però non sarebbe mai stato cambiato, se non in rarissime occasioni, ma l'effetto psicologico fu enorme!

Si svolse il solito cerimoniale mattutino concluso dall'appello, ed entrammo a gruppi in officina dove fummo divisi in squadre. Fui assegnato all'assemblaggio dei battelli, purtroppo Guido, essendo ingegnere, fu destinato alle lavorazioni meccaniche.

Ero dunque diventato a pieno titolo un lavoratore schiavo del nazismo!

Era la prima volta che entravo in uno stabilimento: mi sembrò immenso!

Le gru a ponte, che sferragliavano attraverso le tre campate dell'edificio, sembravano mostri antidiluviani che si muovevano sollevando quegli strani battelli a prua e fondo piatto, dei quali tra l'altro non ho mai capito l'utilizzo.

Un Meister, capo-squadra civile, sulla cinquantina prese in consegna il gruppo degli assemblatori e assegnò il lavoro che consisteva nel montare il fasciame di ferro del battello, costituito da lamiere forate su quattro lati. Fatti coincidere i fori di due lamiere, doveva essere introdotto un chiodo del diametro di due o tre centimetri, ben arroventato sulla forgia, infine ribattuto con un martello pneumatico. La squadra era costituita da quattro lavoratori che svolgevano a turno le diverse operazioni. Man mano che i battelli prendevano forma, passavano in quattro o cinque postazioni successive; erano poi trasportati nella campata destra dove avvenivano la finitura e il montaggio del motore diesel della Daimler Benz; infine erano caricati su carri ferroviari molto lunghi.

Data la mia non robusta costituzione fisica, che mi impediva una piena alternanza nel lavoro di squadra, fui esonerato per i primi giorni dai compiti faticosi; il Meister mi incaricò di selezionare per testa, lunghezza e diametro parecchie cassette di chiodi di recupero.

Mi misi all'opera volenterosamente, e dopo due o tre giorni avevo terminato il lavoro. Se fossi stato un po' più furbo avrei protratto il più a lungo possibile quel lavoro semplice e riposante, che eseguivo stando seduto a terra. Invece per dimostrarmi solerte, mi recai dal Meister dicendo «Fertig» (finito), una delle poche parole che avevo imparato, sperando che mi desse altre cassette da selezionare.

Mi inserì invece in un gruppo formato da due polacchi e da un russo per completare una squadra di chiodatura. Naturalmente, data la mia giovane età, non potevo maneggiare il martello pneumatico, neppure riuscivo a reggere il controferro, avrei dovuto invece introdurre negli appositi fori i chiodi ancora roventi. Fui dunque assegnato alla forgia: scaldavo al calor bianco i ribattini, li prendevo con apposite pinze, li gettavo all'interno del battello attraverso il grande boccaporto della tolda; l'altro operaio li prendeva con le pinze e li introduceva all'interno dell'apposito foro.

Il lavoro alla forgia era il più esposto alla vista: non potevo infatti né sedermi, né fermarmi nel gettare i pezzi roventi, dovevo sempre alimentare il fornello con il carbone e girare la manovella del ventilatore per continuare ad alimentare il fuoco.

In un secondo tempo ci assegnarono alle più rapide forge a gas, così il mio lavoro divenne meno pesante. Gli altri tre componenti la squadra potevano nascondersi all'interno del battello per concedersi qualche momento di riposo; nel caso di una improvvisa comparsa di qualche Kapo o SS sarebbero stati avvertiti dal forgiatore che stava all'esterno.

Queste improvvise visite erano effettuate solitamente da un tenente delle SS, alto e slanciato, nero di capelli e sempre con la divisa in perfetto ordine. Una volta sorprese un francese che stava assaporando un minuscolo mozzicone di sigaretta, chissà come racimolato. Si avventò sul malcapitato percuotendolo con calci e pugni per un tempo che ci parve infinito! Terminato il pestaggio il tenente mi passò accanto; per tutta la durata del pestaggio avevo continuato a lavorare fingendo somma indifferenza, del resto non avrei potuto fare altro! Per un attimo i nostri sguardi si incontrarono, e questo fu sufficiente per scatenare la furia della SS: immediatamente mi appioppò un terribile violentissimo schiaffo in pieno volto; il colpo giunse così inaspettato che caddi all'indietro, se non mi avessero trattenuto alcuni compagni sarei precipitato da un'altezza di almeno quattro metri sul pavimento ingombro di attrezzi e blocchi di cemento con conseguenze facilmente intuibili! Del deportato rimase un mucchietto di stracci ed ossa doloranti; fu portato in infermeria durante la pausa pranzo e non so che fine abbia fatto.

Un'altra volta sono stato sonoramente percosso dal Meister del reparto assemblaggio.

Durante le operazioni di montaggio del fasciame esterno vennero a mancare i chiodi; i miei compagni di squadra polacchi mi fecero capire che toccava a me, come forgiatore, provvedere al rifornimento. Dovetti dunque recarmi al magazzino, dall'altro capo dell'officina, spostare casse piuttosto pesanti prima di trovare quanto mi occorreva e quindi riattraversare tutto lo stabilimento per ritornare al posto di lavoro. I compagni di squadra in attesa stavano tranquillamente riposando, ed il Meister ritenendomi responsabile di un eccessivo ritardo, mi colpì con calci e pugni, finché non si sentì esausto. Ho ancora ben vivo il ricordo della mia testa che ballonzolava da tutte le parti completamente in balia delle violente percosse di quell'energumeno sulla cui tuta faceva bella mostra di sé la svastica del distintivo del partito nazista.

Rimasi pesto e dolorante per alcuni giorni; in lager ho preso tante botte infertemi con strumenti di ogni genere, bastone, nerbo di bue, tubo di gomma, cavo elettrico, ma erano colpi dati nel buio non specificamente indirizzati a me.

Dovemmo assistere ad un'altra scena di selvaggia furia nella sala del refettorio. C'era stata una distribuzione di birra, ed il Kapo ne aveva abbondantemente approfittato. Mentre eravamo tutti seduti intenti a consumare il nostro pezzo di pane e margarina, il Kapo iniziò a percuotere con un grosso bastone e senza motivo il primo deportato che si trovò di fronte; il bastone si ruppe, ma il pestaggio continuò; il deportato cadde a terra, ma il pestaggio continuò; cominciò a percuoterlo con calci selvaggi, gli saltò addosso spezzandogli le ossa; del poveretto rimase ancora una volta sul pavimento un mucchietto di stoffa e di ossa frantumate, e compresi perfettamente perché tutti mi avevano sempre raccomandato di non cadere mai durante un pestaggio!

Avvenne durante la mia permanenza nel lager della Rax Werke un'altra distribuzione di birra, per fortuna senza le terribili conseguenze della precedente, ed una distribuzione di pane muffito; ne era infatti giunto un intero vagone; non era possibile eliminare la muffa e così, nostro malgrado, scoprimmo il valore terapeutico delle muffe; quel carico, all'apparenza non commestibile, sparì come neve al sole!

Il vitto che consumai in quel periodo era forse un po' migliore di quello che avrei consumato in seguito: talvolta nella zuppa era possibile trovare qualche filamento di carne!

La domenica talvolta sulla lavagnetta della cucina era scritto «Nudeln» cioè maccheroni: purtroppo si trattava semplicemente di una specie di pappa biancastra non condita!

Il pasto serale inoltre era talvolta costituito da pane e paté, contenuto in grosse scatole di latta e dal sapore veramente gradevole; la dose per noi deportati era costituita da una cucchiaiata, le gerarchie del lager invece potevano attingere a sazietà da quella meravigliosa latta!

Devo confessare però che anch'io ho goduto di qualche dose extra: mi ritorna spesso in mente Georg, deportato politico austriaco, che ogni mattina durante la pausa delle 9 faceva la sua comparsa tra i battelli in allestimento e mi portava una fetta di pane abbondantemente spalmata di paté. Nonostante il suo incarico ufficiale, era infatti vice capo-campo, non l'ho mai visto picchiare nessuno anche se aveva sempre con sé il tubo di gomma, simbolo della sua carica e del suo potere. Non ho mai avuto occasione di parlargli, né di sapere qualcosa di più su di lui; il suo modo di fare ed il suo sorriso erano però estremamente gradevoli! Era notevole la sua somiglianza con l'attore americano Gene Kelly; inoltre indossava la divisa a righe come tutti noi, e non il pesante giaccone blu dei Kapos.

Ricevetti la sostanziosa colazione supplementare tutti i giorni, fino al mio ricovero in infermeria; quando ritornai al lavoro di Georg non c'era più traccia, ma ne conservo un nitido ricordo!

Anche il mio amico Elio contribuiva a variare in qualche modo il nostro menù quotidiano. Lavorando prevalentemente di notte quando la sorveglianza era alquanto allentata, riusciva a realizzare piccoli oggetti con gli scarti di ottone, che barattava con i lavoratori liberi francesi in cambio della loro zuppa densa di patate e carne.

Sebbene fosse severamente proibito parlare durante il lavoro, Elio era riuscito a sapere qualche cosa sulla loro vita prima dell'arrivo in lager; costretti anche con la forza e con minacce a partire per la Germania, non ricevevano la paga in denaro ma in buoni acquisto per beni di prima necessità: anche per loro era dunque svanito il sogno di poter inviare denaro alle famiglie per far fronte alle enormi difficoltà economiche che la guerra comportava.

Dunque Elio riusciva quasi tutte le notti a procurarsi una gamella di ottima zuppa, che nascondeva tra le lamiere accatastate.

Durante l'appello del mattino, con un cenno convenuto, ci faceva sapere che la zuppa era al solito posto. Alla pausa delle nove Guido, Enzo ed io armati di cucchiaio ci recavamo al solito posto e gustavamo quella delizia.

Una mattina purtroppo, nonostante il cenno di Elio, non trovammo la zuppa nel solito nascondiglio: alcuni russi si erano accorti del traffico della zuppa e l'avevano fatta sparire. Il lunedì successivo anche Elio faceva il turno di giorno, organizzò una trappola sostituendo la zuppa con dei rifiuti, e quando vide avvicinarsi un russo lo strattonò violentemente e lo minacciò con i pugni. Guido ed Enzo intervenuti a dargli manforte, si ritrovarono circondati da una decina di russi, con intenzioni tutt'altro che amichevoli. La fine della pausa evitò lo scontro che avrebbe avuto conseguenze tragiche per tutti.

Non posso infine non ricordare una donna austriaca, operaia civile addetta alla saldatura ad arco: tutte le volte che mi vedeva mi faceva entrare nel suo box per la saldatura e mi dava pane e frutta che consumavo immediatamente per non correre rischi e non farli correre a lei. Guido conosceva il marito di questa donna, Meister civile nella fabbrica, anche lui molto ben visto dai deportati. In un'occasione aveva salvato Guido che avendo rotto un pezzo durante una lavorazione, poteva essere accusato di sabotaggio e quindi impiccato. Sempre Guido mi riferì un giorno che questo Meister era stato prelevato dalle SS, forse perché sospettato di far parte della Resistenza Austriaca, ed anche la moglie non fu più vista in fabbrica.

Le giornate si susseguivano monotone: sveglia, appello, lavoro, nuovo appello e finalmente il momento più atteso delle giornata al termine della frugale cena: un'ora prima della notte per poter stare tra di noi, tempo quasi tutto trascorso a ricordare «l'altra» vita, quella vera prima della deportazione. Non erano discorsi dominati dalla malinconia, erano i racconti della vita di prima, che ci davano la forza per vivere un altro minuto, un'altra ora, un altro giorno.

Guido raccontava episodi della sua esperienza di pilota di aerosiluranti; Elio ci rendeva partecipi delle sue esperienze di disegnatore meccanico progettista all'Alfa Romeo di Milano; Enzo raccontava i suoi infelici amori con ragazze fiorentine. Con altri si parlava anche talvolta della guerra partigiana ma non era questo uno degli argomenti più ricorrenti.

Un giorno un grave infortunio sconvolse la monotona cadenza delle mie giornate di deportato, con conseguenze non del tutto negative.

Infatti mentre sedevo sul fondo del battello per prendere i chiodi roventi che l'addetto alle forge gettava attraverso il boccaporto, uno dei chiodi roventi cadendo si infilò tra il collo del piede sinistro e la tomaia dello zoccolo. Neppure un lanciatore provetto avrebbe potuto colpire con maggior precisione il bersaglio, e resosi conto dell'accaduto il mio compagno di lavoro manifestò le sue sincere scuse in una lingua sconosciuta, ed anche il suo sguardo fu molto eloquente!

Non potei sfilarmi subito lo zoccolo, che in mancanza di stringhe era legato con fil di ferro; nel tempo necessario per poter sciogliere i nodi il chiodo arroventato si freddò contro la faccia interna del malleolo, cauterizzandola.

Quando riuscii a liberarmi dello zoccolo l'impronta nera del chiodo era impressa sulla mia pelle. Potei anche maneggiare il chiodo, ormai si era completamente raffreddato.

Chiesi ed ottenni di poter andare al Revier, l'infermeria, ma non essendo evidente alcuna lesione, fui rimandato al lavoro. Seguitai a lavorare per almeno altri quattro giorni, finché il piede non gonfiò mostruosamente; la pelle tesa era di tutti i colori dell'arcobaleno ed emanava il classico odore della cancrena; togliere e mettere lo zoccolo era veramente doloroso. Finalmente fui inviato in infermeria e questa volta fui ricoverato. Ebbe inizio così un periodo di riposo che forse fu determinante per la mia sopravvivenza.

Le cure mediche erano assolutamente minime, e consistevano in spennellature di permanganato e in fasciature con la carta igienica. Non so per quale miracolo la cancrena regredì progressivamente, il piede si sgonfiò, ma permaneva un'estesa piaga, che non voleva, e forse non poteva, guarire. Il medico, un deportato francese di nome Jacques, riuscì a procurarsi uno stick di nitrato d'argento, come quelli utilizzati dai parrucchieri per far coagulare il sangue di piccole ferite. Strofinare il nitrato d'argento sulla carne viva è molto doloroso: infatti durante ogni medicazione urlavo e piangevo, ma tenevo fermo il piede, perché quella drastica cura potesse avere il suo effetto. Infatti giorno dopo giorno si formò sull'ustione una pellicina sottile e ruvida che finalmente chiuse la ferita. Non era una gran cura, come potei constatare in seguito, ma fu il meglio che l'equipe medica di Wiener Neustadt poté fare.

A questo proposito devo ricordare che il Revier di Wiener Neustadt era un luogo meraviglioso, reso tale dai suoi medici ed infermieri.

L'equipe medico-infermieristica era composta da Otto, alto e slanciato austriaco di Vienna, capo del Revier; esercitava, prima di essere deportato per motivi politici, la professione di meccanico dentista ed era l'unico che parlava tedesco. Poiché era anche il dentista delle SS, godeva non tanto di prestigio, ma della possibilità di ottenere favori per il suo reparto.

Vi era poi Maurice, medico francese originario delle Antille, di corporatura massiccia e con la carnagione del colore del cioccolato chiaro; oltre a svolgere con grande abnegazione la sua professione in quelle terribili condizioni, dimostrava simpatia e bonomia nei confronti di tutti, con risultati eccezionali dal punto di vista psicologico.

Il già ricordato Jacques, medico di Cherbourg, molto cordiale, mi curava con affetto fraterno e spesso mi veniva a trovare, e voleva soprattutto sapere cosa era accaduto in Italia prima della mia cattura. Mi aiutò anche quando fui dimesso dall'infermeria, procurandomi medicinali per lenire i terribili dolori reumatici che mi avevano assalito quando ripresi a lavorare.

Lo stesso affetto protettivo mi dimostrava Anatolj l'infermiere russo dai modi gentili e rassicuranti, con il quale mi intendevo a gesti e disegni.

Ricordo soprattutto un episodio che testimonia il loro grande spirito di solidarietà e abnegazione.

Pochi giorni dopo il mio ricovero si alternarono per tutta una notte al capezzale di un polacco sofferente di pleurite, che respirava a fatica; la mattina con una grossa siringa estrassero dai suoi polmoni una gran quantità di liquido sanguinolento; il deportato polacco morì pochi giorni dopo, ma almeno ebbe sollievo nel respirare.

Queste persone meravigliose impedirono il mio rientro al lavoro il più a lungo possibile, con vari espedienti di cui allora non mi resi neppure conto. Corsero un enorme pericolo nel sottrarmi alla mia condizione di schiavo del Terzo Reich!

La mia permanenza in infermeria durò circa due mesi; per me stare a riposo per tante settimane, in un luogo abbastanza caldo, con un letto e una coperta a mia completa disposizione, mangiando la stessa quantità di cibo di quelli che lavoravano dodici ore al giorno, costituì una notevole risorsa di energia, che mi ha permesso di superare le successive dure prove che la deportazione mi avrebbe riservato.

Avevo inoltre dei vicini di letto da cui potei imparare tantissimo; uno era un docente della Sorbona, l'altro un avvocato fiorentino che parlava benissimo il francese, così ascoltando le loro conversazioni imparai benissimo questa lingua. L'avvocato fiorentino era uomo di mondo, raccontava le sue avventure galanti, che se scandalizzavano il professore della Sorbona, furono per me un importante corso di educazione sentimentale!

Non ricordo con precisione quando dovetti lasciare l'infermeria, approssimativamente alla fine di novembre; ricordo che Maurice e Jacques mi dimisero il sabato pomeriggio, così avrei potuto riprendere il lavoro il lunedì.

Rientrato tra i compagni, un Kapo ebbe l'idea di impiegarci per tutta la giornata della domenica nello sgombero e nella cernita delle macerie provocate dai bombardamenti alleati, sparse in tutto il cortile posteriore dello stabilimento. Così con tutti i compagni mi ritrovai a spostare macerie e a selezionare e ripulire mattoni, per poterli riutilizzare. Non so se quest'opera di recupero fosse davvero necessaria, era forse l'ennesima forma di sfruttamento e un modo per impedirci il riposo domenicale.

Non ero più abituato ad un lavoro manuale pesante; la temperatura era rigida, soffiava anche un bel vento gelido; la sera al rientro ero veramente sfinito!

Durante la notte ed il giorno successivo ebbi i primi sintomi di un grave attacco di reumatismo articolare, a gambe e braccia. Mi recai nuovamente al Revier, ma per quella sintomatologia non era previsto il ricovero! Jacques mi fece comunque recapitare tre o quattro pastiglie di aspirina che alleviarono notevolmente i miei dolori.

Feci nuovamente parte di una squadra di chiodatura, ma la mia efficienza fisica era compromessa: mi muovevo goffamente a causa dei dolori, ma non mi furono risparmiate botte o spintoni per farmi lavorare più rapidamente.

I miei amici lavoravano in altre parti dello stabilimento, non potevano quindi fare nulla per me. L'assenza di Georg e delle sue fette di pane e paté mi demoralizzò ulteriormente; chiesi sue notizie, nessuno sapeva nulla; d'altra parte era normale in lager sparire senza lasciare traccia.

Capitava qualche volta di dover interrompere il lavoro per allarmi aerei; altre volte continuavamo a lavorare nonostante che sopra le nostre teste transitassero formazioni di bombardieri alleati.

Quando interrompevamo il lavoro trovavamo rifugio in angusti cunicoli, scavati sotto il pavimento dello stabilimento, nei quali ci si muoveva carponi, e stando seduti si toccava con i piedi la parete di fronte. Si stava lì rannicchiati aspettando il suono della sirena del cessato allarme. Non oso immaginare che cosa sarebbe accaduto nel caso di un bombardamento!

Una volta mi ritrovai nel cunicolo con un gruppo di polacchi che per tutto il tempo dell'incursione recitarono il rosario: tra loro c'erano anche alcuni Kapos. Terminato l'allarme, ripresero il loro tubo di gomma e lo usarono senza parsimonia per farci uscire più rapidamente!

Giunse infine il 19 dicembre 1944, giorno in cui la mia vita di deportato conobbe un altro cambiamento.

La giornata era trascorsa come le altre: dodici ore di lavoro trascorse a pulire mattoni per renderli nuovamente utilizzabili.

Già pregustavo il mio pane e margarina e la compagnia dei miei amici.

Durante l'appello però, mentre eravamo tutti allineati con il berretto in mano, vedemmo entrare nel recinto del lager due grossi camion, sul cui rimorchio era piazzata una mitragliatrice.

Il capo-campo, un triangolo verde tedesco, cioè un criminale comune, lesse un lungo elenco di numeri di matricola tra cui il 76430, cioè il mio, e i prescelti furono inquadrati sempre perfettamente allineati in un'altra parte del cortile, mentre il nevischio, che durava dal pomeriggio, si trasformava in tormenta. Non ricordo quanto tempo dovemmo rimanere fermi digiuni sotto la neve.

Finalmente fu impartito l'ordine di salire sui camion; eravamo tutti talmente intirizziti che ci muovevamo a stento. Ma fu un vero sollievo potersi accalcare l'uno sull'altro per godere del poco calore che i nostri corpi smagriti potevano emanare.

Sul rimorchio salirono alcune SS, che tennero puntata verso di noi per tutto il viaggio la mitragliatrice.

In verità neppure i più ottimisti pensavano di arrivare vivi in un altro campo, ma eravamo talmente indeboliti dalla fame e dal freddo, da non osare formulare pensieri di alcun genere sulla sorte che ci attendeva!

Per il momento eravamo ancora vivi, e godevamo minuto per minuto l'aria che respiravamo e il calore emanato dai corpi dei compagni.

Poco prima dell'alba i camion si fermarono a potemmo intravedere le luci, le torrette e il reticolato di un altro campo.

Superato il cancello fummo condotti in una baracca i cui letti a castello erano vuoti.

Eravamo giunti al campo di Hinterbrühl, e ci sembrò una festa essere ancora vivi, e avere un luogo riparato in cui finalmente riposare.

7

Hinterbrühl
(19 dicembre 1944-31 marzo 1945)

Dopo poche ore di sonno, prima delle cinque suonò la sveglia e alle 5,30 tutti schierati per l'appello ci siamo guardati intorno. Alla sinistra del cancello d'ingresso si trovavano la cucina ed i magazzini, di fronte erano due baracche quasi contigue e sulla destra altre tre baracche parallele tra di loro e perpendicolari alle altre due. Il campo, di piccole dimensioni, era circondato da doppio recinto di filo spinato percorso da alta tensione; tra i due recinti erano stati alloggiati rotoli di filo spinato.

Contrariamente al campo di Wiener Neustadt, dove gli alloggi dei deportati erano parte integrante dello stabilimento, qui non si vedeva nessun capannone che indicasse la presenza di un'industria. Non avendo potuto ancora comunicare con i deportati già presenti, intuimmo che lo stabilimento era all'esterno; al di là del cancello, oltre la strada si intravvedeva solo una piccola costruzione priva di reticolati e di recinzioni.

Dopo l'appello fummo ricondotti in baracca, con l'ordine di attendere in piedi nuovi ordini. Non avendo ancora lavorato, ci informarono che non avremmo mangiato, e rimanemmo digiuni per l'intera giornata. A metà pomeriggio ci fecero uscire nuovamente sul piazzale, facendoci allineare e sottoponendoci al solito rito del sincrono levare e rimettere il berretto. Ci fu anche il discorso di un sergente delle SS, dal chiarissimo significato: eravamo lì solo per lavorare per la grandezza della Germania, che per pura magnanimità ci permetteva di vivere, ma solo per produrre, dato che noi eravamo la feccia dell'umanità, banditi, sovversivi, antisociali; lui stesso sarebbe stato felice di ucciderci uno ad uno, qualora si fossero verificate defezioni sul lavoro, o peggio, atti di sabotaggio. A conclusione di questo cordiale discorso di benvenuto, aggiunse che essendo stati tutto il giorno senza far nulla, dovevamo fare un po' di ginnastica. Ci fece accoccolare a gambe larghe con le mani a terra e ci ordinò di saltare imitando i ranocchi, percorrendo tutto il perimetro del piazzale. Naturalmente nell'esecuzione di questo esercizio eravamo aiutati da alcuni volenterosi assistenti dei Kapos che con tubi di gomma o con pezzi di cavo elettrico, staffilavano i più lenti o quelli che non saltavano sufficientemente lungo.

Lo spettacolo si protrasse per oltre un'ora; nel frattempo fu distribuito il rancio agli altri prigionieri, con i quali non avevamo ancora avuto contatti. Terminati gli esercizi ginnici, fummo divisi in due gruppi: il primo di cui facevo parte fu mandato in officina per il turno di notte, il secondo gruppo fu mandato a riposare, a digiuno, essendo destinato al turno di giorno.

La piccola costruzione che sorgeva oltre la strada si rivelò essere la copertura del pozzo d'accesso allo stabilimento sotterraneo della Heinkel, che occupava due ordini di gallerie a 20 e 30 metri sotto terra. Le gallerie, di varia larghezza fino a 10 metri, erano scavate nella viva roccia, non avevano armature di sostegno ed erano pavimentate in cemento. Non so da chi né quando fossero state costruite, ma i più vecchi del campo, giunti 6-8 mesi prima, ne avevano ultimato la pavimentazione e avevano piazzato parte dei macchinari. Seppi in seguito che una squadra di deportati stava lavorando allo scavo di altre gallerie, dato che era previsto un aumento della produzione, e il trasferimento alla produzione sotterranea di altre attività. Esisteva anche un altro ingresso per il personale civile, per i materiali di produzione e per far uscire le fusoliere, prive di ali e di motori, degli aerei che qui si producevano. Nello stabilimento lager di Hinterbrühl si producevano aerei a reazione, che insieme alle V1 e V2 erano le armi segrete con cui l'aviazione militare nazista sperava di conquistare il dominio dei cieli e di vincere la guerra.

All'epoca io ero molto appassionato di aviazione; infatti il mio hobby preferito era quello di costruire con materiali di fortuna miniature degli aerei italiani e tedeschi allora tanto esaltati dalla nostra propaganda. Erano passati pochi mesi da quando giocavo con le mie miniature, ma mi sentii veramente oppresso dal fatto di essere obbligato, pena la vita, a collaborare col mio lavoro alla costruzione di veri strumenti di distruzione e di morte, che se avessero portato nazisti e fascisti alla vittoria avrebbero significato anche la mia morte.

Nonostante la mia giovane età, data appunto l'esperienza maturata negli ultimi mesi, non mi facevo alcuna illusione: inoltre mai pensavo al futuro, ma solo al minuto successivo, o al massimo mi spingevo a immaginare il pasto successivo, che mi auguravo più ricco e sostanzioso. I pensieri e le speranze non potevano e non dovevano andare oltre; era troppo pericoloso pensare al passato, alla famiglia, al calore della casa e degli affetti più cari. Tutto ciò costituiva il passato: era come creare una falla in una barca in balia del mare mosso, con l'illusione che l'acqua potesse fuoriuscire. Le persone care non erano dimenticate, ma il loro ricordo era vago, sfumato, come se appartenessero ad un'altra vita. Qualche cosa di simile accade nella vita normale quando ripensiamo ad un bel viaggio in un bel luogo, sappiamo che tutto quanto ricordiamo esiste, ma non appartiene alla nostra vita di tutti i giorni. Ora dovevo fare i conti con il tubo di gomma del Kapo, con gli appelli, con la sincronia della cerimonia farsa dei berretti.

Questa forma di autodifesa era indispensabile per sopravvivere in quelle condizioni, anche se in parte involontaria.

Per me forse è stato più facile ambientarmi in quell'inferno rispetto a persone già adulte. Prima del lager ero stato un ragazzo normale, calmo, buon studente, rispettoso degli altri e delle regole ed anche tutti gli sconvolgimenti portati dalla guerra non mi avevano particolarmente toccato. Non potevo, data la mia età, rimpiangere prestigio sociale, economico o professionale raggiunti prima della cattura.

Tutto ciò che apparteneva alla vita precedente nel campo era annullato, i deportati erano completamente nudi e privi di qualsiasi difesa; solo l'astuzia poteva salvare dalla forza bruta e dalla feroce lotta per la sopravvivenza, che erano i cardini del sistema concentrazionario nazista. Ben poco si poteva contro un sistema scientificamente organizzato per annientarci. Pugni, bastoni, calci erano utilizzati dai superiori con un'intensità assolutamente indipendente dalla gravità del reato realmente o anche solo ipoteticamente commesso. Anche l'impossibilità di comunicare creava situazioni in cui il più debole era automaticamente il vinto. Il gergo del campo composto da parole in tedesco, russo, polacco prevalentemente e da bestemmie e parolacce in tutte le lingue non era adatto a farsi comprendere da persone che ritengono comunque che il bastone sia un argomento più efficace di qualsiasi parola.

Il momento forse più drammatico della giornata a Hinterbrühl era quello del cambio di turno e dell'ingresso in galleria.

Il pozzo d'accesso alla fabbrica aveva un diametro di circa dieci metri, e c'erano tre rampe di scale in legno, piuttosto ripide, di larghezza inferiore al metro, talmente strette da non consentire quasi il passaggio di due persone contemporaneamente.

Nonostante l'angusto accesso, nel giro di pochi minuti almeno quattro o cinquecento persone effettuavano il cambio di turno. Quattro Kapos si piazzavano in cima ed in fondo alla scala e sui pianerottoli intermedi, muniti di tubo di gomma o di cavo elettrico e colpivano all'impazzata tutti quelli che salivano o scendevano; per evitare la violenza del colpo era necessario essere veloci, in modo da attenuare l'effetto della botta, che comunque sarebbe arrivata. Si poteva passare una o due volte nel momento in cui i bastoni erano alzati, ma era quasi impossibile evitare tutti i colpi. Poiché il cambio avveniva due volte al giorno, ogni giorno ciascun prigioniero riceveva almeno quattro o cinque colpi.

Io fui destinato al reparto di Aggiustaggio e Chiodatura. Dovevo controllare la misura, la corrispondenza dei fori e connettere per mezzo di rivetti i pezzi in duralluminio che costituivano parte della fusoliera dell'aereo, accatastarli in scaffali da cui sarebbero stati inviati all'assemblaggio finale. Per compiere le varie operazioni dovevo stare sempre in piedi, e lavorare molto di lima per rifilare e portare a misura i vari pezzi.

Dato che mi ero ambientato abbastanza rapidamente, sorte volle che subissi il furto degli zoccoli; mi furono rubati di notte nonostante che li avessi avvolti nella giacca, utilizzando il tutto come guanciale.

Presentarmi all'appello senza zoccoli era molto pericoloso, infatti perdere parte del vestiario che apparteneva al Terzo Reich poteva essere interpretato come atto di sabotaggio. Fortunatamente uno degli addetti alla baracca cui mi ero rivolto, riuscì a trovarmi un paio di zoccoli. Tra l'altro era pieno inverno e potevo rischiare un congelamento! Devo però dire che i nostri corpi denutriti e mal coperti resistevano bene alle temperature dell'inverno austriaco, e non vidi mai casi di congelamento agli arti, mentre vi furono numerosi casi di assideramento.

La vita nel nuovo campo non era sostanzialmente diversa da quella precedente, salvo per la durezza del turno di notte, non solo per le normali cause fisiologiche, ma soprattutto perché eravamo in lager.

Durante il giorno, mentre ci si trovava in campo per il turno di riposo, potevano arrivare gruppi di adolescenti, aspiranti SS, talvolta guidati da donne, che dovevano dimostrare la loro ariana superiorità su di noi, nemici del Terzo Reich, malmenando a più non posso i malcapitati che si trovavano all'esterno delle baracche. Mi è stato riferito che alcuni deportati sono stati scagliati contro i reticolati elettrificati per verificarne l'efficienza.

Inoltre gli aerei alleati bombardavano quasi quotidianamente le zone industriali limitrofe; accadeva quindi che al suono della sirena di allarme, eravamo svegliati, ricondotti in officina ed ammassati in qualche galleria vuota in costruzione fino al cessato allarme.

Considerando che, finendo il turno alle sei del mattino, per via dei controlli e dell'appello, potevamo andare a dormire solo verso le 9, e che l'allarme poteva protrarsi dalle 10 del mattino fino alle 16, è facile capire quali fossero le possibilità di riposo durante il turno della settimana di notte.

Fui separato dal mio gruppo di amici, ma trovai nella nuova baracca A.D., che si comportò con me come un fratello maggiore. Milanese, al momento dell'armistizio era tenente dell'esercito italiano; entrò quasi subito a far parte della Resistenza, fu arrestato e deportato a Mauthausen nel marzo 1944; il suo numero di matricola era tra il 53000 e il 57000. In base al numero di matricola era infatti possibile calcolare con una certa approssimazione la data di arrivo in campo; più basso era il numero, maggiore era il rispetto che suscitava, infatti indicava una non comune capacità di sopravvivenza.

Poco tempo dopo il mio arrivo il piede ustionato ebbe nuove complicazioni. Mi recai in infermeria, a capo della quale erano due medici francesi. Sotto la cicatrice si era formata una grossa sacca di pus, era dunque necessario inciderla, far fuoriuscire il pus e cercare di curare l'infezione in atto. Non c'erano bisturi a disposizione, mi vennero praticati due fori con una punta di forbice alle estremità della zona infetta, tra i quali fu fatto passare una specie di specillo per poter lacerare con un colpo secco il tessuto cicatriziale superficiale. La fuoriuscita del pus fu immediata, ma il dolore fu tale che non ebbi neppure la forza di urlare.

Rimasi in infermeria due settimane, e questa volta il piede guarì completamente, nonostante la mancanza di medicinali e l'assenza di igiene.

Grazie ai buoni rapporti stabilitisi con i medici francesi, al momento della dimissione ricevetti una striscia di tela bianca con cui potevo fasciarmi il piede intanto che si completava la cicatrizzazione.

Ritornare al lavoro fu durissimo; ebbi nuovamente un attacco di reumatismo articolare alle spalle, del resto in galleria il tasso di umidità era altissimo.

Dovevo adoperare la lima oscillando con l'intero corpo tenendo i gomiti ben aderenti al busto. Mi era inoltre impossibile riporre i pezzi nella parte alta delle scaffalature, non potendo sollevare le braccia al di sopra della testa.

A differenza di Wiener Neustadt il rapporto esistente tra i deportati e il personale civile dell'azienda era piuttosto buono. Infatti il capo-reparto, date le mie condizioni, mi fece trasferire al reparto Assemblaggio dell'impianto elettrico. Il lavoro qui era più leggero dal punto di vista fisico, ma impegnativo concettualmente; infatti dovetti imparare a conoscere schemi elettrici generali ed assemblaggi di sottogruppi.

Nello stesso reparto lavorava anche A.D., e quindi per me fu l'inizio di un periodo abbastanza buono; il lavoro era infatti più leggero, persino piacevole, e il luogo appartato in fondo ad una galleria. A.D. inoltre aveva instaurato un ottimo rapporto con il civile capo del collaudo, che talvolta ci regalava qualche patata, del pane o delle sigarette, che rappresentavano la valuta più pregiata per i commerci clandestini del campo.

Con due sigarette si poteva acquistare un'intera razione di pane!

Ho già detto che erano buoni i rapporti con i civili austriaci; unica eccezione era un sovrintendente, nazista convinto, dai modi bruschi e autoritari, non perdeva occasione per far punire i deportati che a suo giudizio non erano troppo efficienti o avevano commesso qualche errore.

Subì due salutari elettrochoc: la prima volta nessuno, neanche gli altri civili, lo avvertì del cattivo funzionamento di un trapano elettrico; la seconda volta utilizzò la mia macchinetta spela-cavi non perfettamente isolata. Io non mi ero mai accorto del suo cattivo funzionamento perché sedevo su uno sgabello di legno con ai piedi zoccoli di legno. Le sue scarpe di cuoio sul pavimento bagnato gli furono fatali: rimase per un attimo semiparalizzato!

I due trattamenti elettrici ebbero comunque un buon effetto sedativo: diminuì la sua arroganza e i prigionieri furono puniti solo per trasgressioni più gravi.

A proposito di punizioni, ricordo di averne evitata una perché la mia trasgressione fu giudicata divertente.

Lavoravo al turno di notte, e seduto al mio banco avvitavo i terminali dei cavi delle morsettiere del pezzo che stavo montando.

Ebbi un tale colpo di sonno che la testa mi cadde sul manico del cacciavite e rimasi addormentato così con la testa in bilico sull'attrezzo; la mia posizione era talmente strana che un sergente delle SS addetto alla sorveglianza, trovandomi buffo, mi risvegliò con uno scrollone e si allontanò ridendo fragorosamente!

Finito il turno di lavoro rientravamo in campo a passo di marcia e ben inquadrati, e subivamo il cerimoniale delle perquisizioni, per cui alcuni di noi scelti a caso dovevano denudarsi completamente e i Kapos potevano così frugare tra i nostri pochi stracci pieni di pidocchi. Se si scopriva che qualcosa era stato asportato dallo stabilimento si rischiava l'impiccagione.

La sera, o meglio il momento di fine turno, era come al solito il più atteso per ritrovare gli amici, poi ci si doveva precipitare nelle baracche per non essere derubati delle coperte. I russi erano ladri abilissimi e poi facevano gioco di squadra: uno rubava e gli altri proteggevano la sua fuga.

Sono passati tanti anni ma ho ancora vivo il ricordo del senso di spossatezza provato quando finalmente ci si poteva sdraiare e si cercava un po' di calore nel compagno di pagliericcio. Si piombava in un sonno tanto profondo che non ci si svegliava nemmeno per urinare, e la mattina ci si svegliava bagnati. Non ricordo di aver mai sognato in lager, neppure i miei compagni mi hanno mai raccontato di loro sogni.

Nonostante lo stato di esaurimento psico-fisico qualcuno ancora in campo cercava di resistere all'abbrutimento e al tentativo di annientamento messo in opera dal nazismo. Anche un pur minimo cenno di resistenza avrebbe scatenato reazioni terribili. Un piccolo gruppo di spagnoli reduci dalla militanza nelle file della Repubblica durante la guerra civile, internati a Mauthausen dopo l'invasione della Francia era a capo di una organizzazione di resistenza clandestina, di cui io allora avevo in qualche modo solo intuito l'esistenza.

Due di questi spagnoli erano addetti alla falegnameria del campo, e oltre alle piccole riparazioni, costruivano o modificavano mobili per i vari Prominenten del campo e per le SS. Un altro spagnolo era capo-squadra in cucina e il quarto era addetto alla squadra di avanzamento delle gallerie con mansioni di artificiere. Quest'ultimo conosceva benissimo il complesso delle gallerie, la disposizione delle pompe e delle prese d'aria. Gli spagnoli potevano avere informazioni e notizie molto importanti dati i loro contatti con il personale militare di sorveglianza, che parlava molto liberamente o addirittura lasciava la radio accesa in loro presenza mentre riparavano qualche mobile nei loro alloggi. Suppongo che lo spagnolo artificiere riuscisse a prelevare piccole dosi di esplosivo, e penso che anche A.D. fosse coinvolto, dato che durante alcune delle perquisizioni a fine turno lo vidi molto preoccupato. Una volta sentii lo spagnolo affermare che nel caso in cui i nazisti avessero voluto allagare le gallerie per far sparire le nostre tracce e le tracce del nostro sfruttamento, era possibile far fallire quel piano facendo saltare un diaframma di roccia, di cui conosceva bene la dislocazione, e far così defluire l'acqua.

La falegnameria fu anche il luogo in cui per la prima volta sentii parlare di politica liberamente, e scoprii quante potevano essere le idee politiche diverse dalla dottrina fascista. La mia famiglia paterna era stata duramente provata dall'ascesa del fascismo, intuivo quindi che c'era qualcosa di sbagliato in quell'ideologia, ma non avevo e non potevo avere coscienza critica. Mi appassionavano le discussioni che talvolta avvenivano in quel luogo che era stato ideato per annientare qualunque diverso.

Per evitare sospetti A.D. ed io non andavamo tutte le sere in falegnameria; una sera uno degli spagnoli venne nella nostra baracca e ci portò un pezzo di carne ben arrostita; si trattava di arrosto di cane, un cane che aveva avuto la cattiva idea di avventurarsi all'interno del lager.

Intanto l'inverno con i suoi rigori si stava allontanando, mentre il fronte si stava avvicinando: i bombardamenti si intensificavano, le interruzioni di corrente erano sempre più frequenti e i rifornimenti sempre più difficoltosi. Il lavoro era diventato più duro perché la produzione era passata da una a due fusoliere al giorno.

Non so quanti di quegli aerei abbiano effettivamente volato, ma quel tipo di velivolo pur così goffo poteva avere prestazioni eccezionali. Poteva raggiungere gli 800 km/h, contro i 500 km/h dei caccia ad elica, era armato di una mitragliatrice da 20 mm., il posto di pilotaggio era corazzato, il serbatoio in gomma era autosigillante, l'alimentazione a kerosene era meno sottoposta al rischio di incendi.

Naturalmente noi schiavi di Hitler cercavamo di sabotare la produzione, ma dovevamo vigilare per non farci sorprendere e non mettere a repentaglio la vita nostra e dei nostri compagni.

Rientrava nelle mie mansioni prelevare in magazzino i rotoli di filo elettrico, tagliarli a misura, numerarli, preparare i capicorda e infine montarli.

Talvolta riuscivo a rendere inutilizzabile un intero rotolo di cavo che sapevo di più difficile approvvigionamento. Era invece pericoloso sbagliare i collegamenti, perché l'errore ripetuto poteva far scoprire il responsabile. Riuscii a sabotare una pulsantiera di interruttori in modo da superare i vari accurati controlli.

Queste che oggi potrebbero essere definite azioni di legittima difesa, erano ben misera cosa rispetto all'imponente macchina bellica nazista; ma ci davano un profondo senso di soddisfazione, perché ci facevano sentire uomini vivi che con la loro intelligenza contrastavano la bestiale brutalità nazifascista.

Avevo ormai compiuto quindici anni, ed avevo superato otto mesi di prigionia, anche per l'aiuto morale e materiale dei miei amici. Ero diventato un uomo che doveva prendere le sue decisioni e doveva sforzarsi di essere autonomo. Questo non significava non aver bisogno degli amici o rifiutare il loro aiuto: mi sentivo ormai non dipendente da loro, ma eguale a loro. Ormai potevo dire di conoscere l'animo umano nei suoi gesti più nobili e nelle sue più orribili nefandezze.

La fine di marzo si stava avvicinando e la notte potevamo sentire in lontananza i cupi boati dei cannoni; il 30 marzo in serata si diffuse la voce che saremmo stati evacuati. Il 31 scendemmo a lavorare come al solito, non perdendo però di vista il personale civile: il loro allontanamento poteva significare che le SS avevano intenzione di allagare le gallerie. Al ritorno al campo la sera ci fu comunicato che il giorno successivo saremmo partiti.

I nostri amici spagnoli ci informarono che la nostra destinazione era probabilmente Mauthausen, ma non si sapeva come ci saremmo arrivati.

Frastornato dalle novità e dall'incertezza stavo per concludere la permanenza nel campo di Hinterbrühl e stavo per affrontare una nuova terribile esperienza.

8

La Marcia della Morte (1-8 aprile 1945)

Il piazzale dell'appello era gremito da più di mille deportati vestiti con le loro lacere divise a righe, ma con il numero di matricola bene in evidenza, e con l'«autostrada» fra i capelli rasata di fresco, ben inquadrati e più volte contati. Ci pareva di essere fuori del tempo. Era palpabile nell'aria un sorta di senso di sospensione. Ero dominato dall'ansia e dalla curiosità, come del resto sempre avviene di fronte ad una situazione nuova e non portatrice di positivi cambiamenti.

L'interrogativo che più affliggeva i pochi che erano a conoscenza dei piani delle SS era questo: saremmo stati annegati nelle gallerie di Hinterbrühl, o saremmo stati effettivamente trasferiti a Mauthausen?

Non si vedevano né camion né altri mezzi di trasporto, e la ferrovia, interrotta dai numerosi bombardamenti, era solitamente riservata al trasporto di materiale bellico e di soldati.

Inoltre tutta la gerarchia del lager, compreso un deportato spagnolo, indossava strane divise militari, dall'aria raccogliticcia, che però conferivano loro un aspetto marziale e poco rassicurante agli occhi di noi deportati; tutto ciò faceva crescere la nostra ansia per l'immediato futuro. Erano stati inoltre dotati di fucili ad otturatore antiquati ma sempre in grado di sparare, come potemmo sperimentare in seguito.

Dopo l'appello fu impartito un ordine per noi rassicurante: tutti dovevamo prendere una coperta dai nostri giacigli. «Se ci vogliono affogare cosa ne facciamo della coperta?» fu il nostro primo pensiero.

Anche se la logica non era sovrana nei campi di sterminio nazisti, il materiale in dotazione, per quanto di infima qualità e logorato dall'uso, aveva più valore della vita di noi deportati. Altro fatto positivo: furono distribuite due pagnotte a testa! Non credevamo ai nostri occhi! Ma purtroppo mezz'ora dopo la distribuzione nessuno di noi aveva più una briciola di pane.

Erano intanto stati preparati in un angolo del campo tre o quattro carretti a quattro ruote carichi di masserizie e di sacchi. Accanto ai carri faceva bella mostra di sé una vecchia carrozza chiusa, dipinta di verde, carica all'inverosimile, alle cui stanghe erano legate tre lunghe corde che non promettevano nulla di buono.

Finalmente ci fu comunicato che saremmo ritornati a piedi a Mauthausen: ci sentimmo più tranquilli, anche se ignoravamo quanto distavamo dal campo.

Fummo divisi in tre gruppi, e mentre il primo si avviava per la strada all'esterno del campo con la carrozza trainata da una cinquantina di prigionieri per ogni fune, passarono su di un carro una decina di grossi fagotti di carta. Erano i prigionieri ricoverati in infermeria non ritenuti in grado di camminare. Venimmo poi a sapere che i malati inabili erano stati uccisi con un'iniezione di benzene nel cuore, ed immediatamente rotolati giù dal letto, dove era stato predisposto un grande foglio di carta per avvolgere il cadavere. L'uso della carta, più economica della tela, era stato necessario perché i cadaveri dovevano essere sepolti o bruciati fuori dal campo, e dovevano attraversare il paese.

Quando compresi il contenuto di quei fagotti sul carro, fui attraversato da un gelido brivido di paura: infatti se il trasferimento fosse stato effettuato qualche settimana prima, anch'io mi sarei trovato in infermeria e sarei diventato un fagotto su quel carro!

Anche il secondo gruppo di cui facevo parte si mosse, ed ebbe così inizio la lunga e tragica marcia che mi avrebbe riportato a Mauthausen.

Fiancheggiati ogni tre o quattro metri da una persona armata, ci avviammo zoccolando per le strade dell'Austria.

I militari effettivi armati di mitra si intercalavano ogni quattro o cinque ex guardiani del campo, ed erano sostituiti dopo un certo numero di ore di marcia. Seguivano la colonna quattro o cinque camion militari sui quali viaggiavano soldati e graduati di scorta durante il turno di riposo. Il comandante militare, un capitano della SS, ed altri ufficiali viaggiavano invece in auto, e li potevamo vedere solo al mattino prima della partenza e alla sera per la conta dei deportati.

Il primo giorno le cose andarono abbastanza bene, la stagione era buona e il tiepido sole primaverile scaldava le nostre ossa. Confortati dallo stomaco pieno di ben due pagnotte, non pesava molto neppure tirare i due carretti affidati alla seconda colonna, di cui facevo parte.

Le strade su cui marciavamo erano quasi tutte sterrate, e a volte vere e proprie mulattiere. Si inerpicavano sulle colline, effettuavano discese abbastanza ripide; i tratti in piano furono veramente pochi; non attraversammo molti villaggi.

Ovviamente nessuno di noi aveva idea di dove fossimo, ma era evidente che non transitavamo sulla strade principali per non intralciare il traffico militare. Talvolta dall'alto di una collina potevamo scorgere una strada, regolarmente ingombra di mezzi militari.

Durante le prime notti abbiamo sentito distintamente i tonfi delle cannonate; vedemmo anche all'orizzonte il bagliore rossastro forse di un bengala.

Durante tutto il viaggio non transitarono aerei, e poi dal pomeriggio del primo giorno il cielo si rannuvolò e cominciò a piovere.

La pioggia ci accompagnò per quasi tutta la marcia, a volte sottile, a volte scrosciante accompagnata da folate di vento gelido; mi pare di ricordare che ben poche furono le ore, durante quei sette lunghi giorni, nelle quali abbiamo avuto la possibilità non dico di asciugarci, ma almeno di non essere bagnati fino alle ossa.

Nel pomeriggio del primo giorno cominciammo ad accusare i primi sintomi di stanchezza, camminavamo praticamente senza sosta da molte ore. L'aria libera, cui non eravamo più abituati, il tepore del sole, anche se durò poco, il verde della campagna e dei boschi ci aveva procurato una certa euforia iniziale, quasi si trattasse di una scampagnata. Ma la realtà ritornò con tutta la sua forza quando vedemmo sul ciglio della strada il cadavere di un deportato con la testa fracassata da una pallottola.

Poiché accanto al cadavere c'era ancora la coperta arrotolata, mi affrettai a prenderla prima che ci pensasse qualcun altro; anche gli zoccoli sembravano in buono stato, ma altri avranno provveduto a toglierglieli.

Chi cadeva o dava segni evidenti di stanchezza era immediatamente eliminato con un colpo alla nuca, e il suo cadavere abbandonato sul ciglio della strada.

La squadra dei becchini, che chiudeva la colonna, composta da deportati in grazia ai Prominenten, avrebbe provveduto a seppellire sommariamente il cadavere perché gli abitanti del luogo non lo vedessero. Col passare dei giorni i seppellimenti divennero più numerosi, e i becchini poterono viaggiare spesso sui camion, a risarcimento della loro fatica.

La prima sera verso l'imbrunire arrivammo in un grande prato, intorno al quale erano parcheggiati a semicerchio camion e automobili. All'interno di questo infernale anfiteatro i nostri compagni della colonna che ci precedeva erano già sdraiati nel fango.

Stanchi e bagnati, dopo essere stati contati, anche noi potemmo finalmente sdraiarci sulla nuda terra, ma un materasso di piume non sarebbe stato più accogliente, e potemmo finalmente riposarci nonostante la pioggia battente che continuava a cadere. La luce dei fari degli automezzi che ci circondavano illuminava una massa informe di umanità, all'interno della quale stretti gli uni agli altri per cercare un po' di calore, cedemmo esausti al sonno per il grande sforzo compiuto.

I miei ricordi di quei giorni non seguono un preciso nesso logico; ho davanti agli occhi scene drammatiche che non riesco a situare esattamente nel tempo, fatta eccezione per la notte tra il sette e l'otto aprile, l'ultima della marcia della morte.

Se ritorno con la mente a quei giorni risento il rumore legnoso delle nostre calzature e vedo con insistenza il fondo dei calzoni e gli zoccoli del compagno che mi precedeva.

Era tale e tanto grande lo stato di debilitazione fisica che camminavo come un giocattolo a batteria in attesa del completo esaurirsi della pila. A quel punto ci sarebbe stato un colpo di fucile in testa e tutto sarebbe finito.

Mi ricordo di una fucilata sparata vicinissima alla mia testa a un russo che, barcollando, aveva poggiato la mano sulla mia spalla e sulla spalla di un amico che marciava accanto a me. Mi trovavo verso il fondo della colonna, ma in men che non si dica e quasi senza accorgermene mi ritrovai quasi in testa al mio gruppo, tanto era stato lo spavento.

Per tutta la durata della marcia non vi furono distribuzioni di cibo, tranne che la sera del quinto giorno, quando ci fu distribuito quanto rimaneva del rancio dei militari.

Era una squisita e densa zuppa di patate, ma la quantità era l'equivalente di una tazza da te! Per mettere qualcosa nello stomaco raccoglievamo l'erba sul ciglio della strada; ne avevo individuato un tipo con foglie larghe e carnose che aveva un gusto non troppo rivoltante; quando la vedevo cercavo di raccoglierne qualche manciata il più in fretta possibile, e altrettanto rapidamente la ingoiavo, senza preoccuparmi della presenza di lumache, vermi o altri insetti.

Era pericoloso uscire dalla colonna anche per le proprie funzioni fisiologiche, senza contare che la dissenteria era molto diffusa. Era quindi consigliabile portarsi all'inizio della colonna, segnalare al sorvegliante la propria necessità, e terminare prima della fine del passaggio di tutta la colonna. Un poveretto non si accorse della fine del nostro passaggio, cercò di correre verso di noi, ma cominciarono a spararagli: fu un vero e proprio tiro al bersaglio.

Un russo riuscì a far perdere le proprie tracce, ma fu l'unico tentativo di fuga riuscito.

Probabilmente la vicinanza del fronte gli aveva dato la forza di tentare la fuga, ma date le quasi inesistenti possibilità di riuscita nessun altro fece tentativi in tal senso.

D'altra parte durante la marcia non ricordo gesti di solidarietà da parte della popolazione, ma molte sassate e sputi. Questa sarebbe stata l'accoglienza nel caso fossimo riusciti a fuggire!

La marcia intanto continuava: sempre la stessa pioggia, sempre la stessa fatica e la stessa fame; i morti sul ciglio della strada aumentavano, ma non ci facevamo più caso, facevano parte del panorama; forse anche se avessi visto tra loro un carissimo amico o un parente, non me ne sarei curato o neppure accorto, dato lo stato di inebetimento causato dalla spossatezza che ci perseguitava.

I morti lungo il tragitto, che furono più di duecento, dovevano costituire un problema di contabilità per le SS. Un mattino, dopo averci più volte contati, un ufficiale passò davanti a noi deportati, come al solito perfettamente allineati; con un gesto secco della mano ne fece uscire cinque dalla fila, li fece sedere sul ciglio del campo dove avevamo pernottato, li uccise con un colpo alla nuca. La scelta era stata del tutto casuale, era passato anche di fronte a me! Qual era il problema? Non coincidevano le cifre dei vivi e dei morti dei due giorni precedenti: ora i conti tornavano perfettamente!

Una notte avemmo la gradita sorpresa di dormire all'asciutto; fummo infatti ricoverati in un grosso edificio in costruzione, completamente isolato, con le finestre degli scantinati chiusi da inferriate. Fu una splendida sensazione la mattina successiva poterci svegliare quasi asciutti, per effetto di quel poco calore che i nostri corpi riuscivano ancora ad emanare.

Ero tormentato dai dolori reumatici; la mattina, rigido come uno stoccafisso, riuscivo a stento a raggiungere il luogo dell'appello; era particolarmente doloroso riprendere la marcia, ma i miei meravigliosi compagni italiani esortandomi in ogni modo mi salvarono la vita. Era tale il dolore e lo sforzo che dovevo compiere per riprendere a camminare che non ricordo nomi e volti di quegli amici.

Durante la marcia ricordo di aver visto numerosi campi di concentramento, con le consuete installazioni di filo spinato e garitte.

Un giorno incrociammo due colonne di deportati, una composta di donne, il cui stato di denutrizione e debilitazione era quasi superiore al nostro.

La colonna maschile invece proveniva da Wiener Neustadt e Guido riuscì a sapere che ero vivo nel breve tempo durante il quale le colonne procedevano parallele.

I nomi dei paesi che attraversavamo ci erano completamente sconosciuti, ed aumentavano così la sensazione di smarrimento che tutti provavamo, dato il protrarsi della marcia. In quei pochi giorni percorremmo più di 200 chilometri. attraverso l'Austria ormai sconfitta.

Finalmente l'ultimo giorno di marcia; date le mie difficoltà a camminare, rimasi indietro, praticamente alla fine della terza colonna, e questa fu la mia salvezza!

Arrivammo al punto di sosta col buio; gli automezzi disposti come al solito a semicerchio con gli abbaglianti accesi ferivano i nostri occhi con la loro intensa luce.

Ci fecero avanzare a gruppi di dieci per poterci contare, abbagliati dai fari e storditi dalla stanchezza e dal rumore dei motori, solo all'ultimo momento vedemmo un ufficiale delle SS, appoggiato alla sua auto, con due cani al guinzaglio, che si divertiva ad allentare il guinzaglio ai cani avventandoli contro di noi pronti ad azzannare, indirizzandoci lungo varie direttrici. Non rimaneva che correre verso le luci abbaglianti: ad un tratto mi mancò la terra sotto i piedi, e, nel buio più completo, cominciai a rotolare verso il basso in una voragine dal fondo della quale mi giungevano urla, lamenti, che divenivano più forti man mano che rotolavo all'ingiù!

La paura che provai fu terribile, non riuscivo a immaginare di quale raffinata tortura si trattasse!

Infine, finalmente in piedi, mi trovai a camminare e calpestare masse informi che compresi essere i miei compagni che mi avevano preceduto. Riuscii a raggiungere un tratto di terreno libero e caddi in un sonno profondo.

La livida luce del mattino successivo rivelò tutta la sinistra fantasia del comando delle SS responsabile della nostra colonna. In quel terreno si apriva una depressione del diametro di circa ottanta metri, con le ripe scoscese di oltre una ventina di metri. Sul fondo piatto di quella specie di cratere si erano sdraiati i componenti della prima e seconda colonna, giunti sul posto prima del crepuscolo.

La terza colonna attardata dal traino della diligenza giunse col buio, e i suoi componenti ignari furono causa di sofferenza a coloro che li avevano preceduti.

Lo spettacolo che si presentò ai nostri occhi il mattino successivo era degno di un girone dantesco!

Coloro che si erano sdraiati ai bordi del cratere erano stati in maggioranza uccisi da coloro che rotolarono successivamente, ignari di calpestare i propri compagni.

Quasi tutti eravamo pesti e sanguinanti; coloro che non erano in grado di muoversi, ma ancora vivi, furono uccisi sul posto.

Senza saper che quella era l'ultima giornata di marcia che avremmo dovuto affrontare, ripartimmo all'alba con ancora nelle orecchie il suono dei lamenti e dei colpi di pistola che giungevano cupi dal fondo della buca.

Nel primo pomeriggio si cominciò a sentire nell'aria il classico odore di carne bruciata del crematorio, percorremmo l'ultima salita, e superato il Campo Russo, apparve il tetro portone del campo di sterminio di Mauthausen.

Mi pervadeva una mortale stanchezza, che offuscava ogni ragionamento; sapevo che, dopo aver varcato il portone, potevo essere inviato alla camera a gas, ma finalmente non dovevo più marciare e soprattutto non dovevo più vedere morire i miei compagni!

Un incubo era comunque finito!

Eravamo seduti a terra di fianco alla baracca nei cui sotterranei avremmo rivissuto forse la procedura dell'immatricolazione; eravamo inebetiti in attesa del nostro destino.

9

Mauthausen
La seconda quarantena e la liberazione
(9 aprile-5 maggio 1945)

Non ricordo se fosse mattino o pomeriggio quando, al termine della terribile marcia, mi ritrovai nel cortile adiacente alla baracca delle docce; ricordo però che l'idea di potermi fermare, e non solo per poche ore, mi procurò un grande sollievo.

Ero veramente sfinito, ma l'incubo del colpo alla nuca era terminato!

La dura pietra del cortile mi pareva più soffice di un materasso di piume!

Riposarmi, stare sdraiato, dormire senza che qualcuno mi risvegliasse improvvisamente con urla e calci, era un piacere da centellinare.

Il protocollo di ingresso al lager prevedeva almeno 24 ore di attesa in quel cortile; ed anche questa volta tutto si svolse come prestabilito.

Il giorno dopo, con il consueto accompagnamento di urla e colpi di tubo di gomma, fummo fatti scendere nella sala docce, si ripeté il solito trattamento con acqua calda e fredda, che si concluse con la rasatura completa.

I nostri corpi abituati ad ogni tipo di vessazione non reagivano quasi più. Eravamo ormai dei veterani e non volevamo dare ulteriori pretesti ai sorveglianti per colpirci senza motivo.

Ancora bagnati e rasati di fresco, fummo fatti uscire nell'Appellplatz completamente nudi, e fummo avviati al campo di quarantena e presi in consegna dal capo-blocco della baracca 24, o almeno così mi pare di ricordare.

Il mattino successivo riconobbi parecchi italiani che avevano compiuto con me il viaggio da Fossoli, e questo fu per me di grande conforto.

Eravamo ancora nudi e privi di tutto, soprattutto non avevamo gamella e cucchiaio!

I compagni italiani fecero però a gara per aiutarci: chi prestò la gamella, chi il cucchiaio; potemmo così riprendere a nutrirci, per quanto nutrimento potesse offrire ai nostri corpi sfiniti dalla lunga marcia compiuta a digiuno la solita zuppa di rape.

Non ricordo per quanto tempo rimanemmo nudi, e se ci fu concesso di tenere una coperta addosso. Forse durò una settimana quello strano limbo che mi aveva accolto al rientro a Mauthausen prima che arrivasse il cesto per la casuale distribuzione di vestiario. Per fortuna era aprile, e quindi il clima non era troppo rigido. Anche se fosse stato pieno inverno la procedura non sarebbe variata.

Eravamo rientrati al campo principale, e qui potevano farci passare attraverso il camino, secondo quanto stabilito dai protocolli.

L'obiettivo principale delle marce della morte era solo quello di non farci cadere vivi nelle mani dei liberatori, ma concentrarci dove era possibile attuare più rapidamente lo sterminio. Secondo l'intenzione dei nazisti non avrebbero dovuto esserci testimoni del loro sistema concentrazionario.

Ma la fortuna non mi aveva abbandonato!

Fui chiamato all'interno della baracca e fui ufficialmente eletto al ruolo di Stubendienst, cioè di aiutante del capo-baracca. Gli Stubendienste erano 5 o 6 per ciascuna Stube; furono subito evidenti i vantaggi e gli svantaggi che questo nuovo ruolo comportava.

Passavo tutto il giorno al coperto, invece di oziare all'esterno sottoposto a tutte le intemperie, inoltre potevo sempre usufruire di un supplemento di zuppa, quasi sempre una doppia razione, che però dovevo consumare all'interno della baracca. Un giorno nella mia baracca rimase mezzo bidone di zuppa: ricordo che per ben sette volte potei ottenere il supplemento! Ma la sensazione di sentire lo stomaco pieno, per quanto non sazio, fu pagata con un feroce mal di pancia, seguito da diuresi e diarrea, che mi impedirono di dormire per tutta la notte. Infatti il mio fisico debilitato, e già afflitto da diarrea cronica, non poteva tollerare una improvvisa ulteriore e troppo abbondante ingestione di liquido e rape.

Come già detto la mia nuova carica comportava però soprattutto uno svantaggio: essere isolato da tutti gli amici italiani, e anche invidiato per i privilegi che non potevo condividere con loro.

Potevo vederli attraverso le finestre della baracca, ma non comunicare, se non con qualche parola durante gli appelli.

Mentre assolvevo i miei compiti nella baracca ero proprio isolato: non c'erano italiani o francesi tra gli altri Stubendienste, e quindi era preclusa ogni possibilità di comunicazione.

Il nostro lavoro consisteva nel riordino e nella pulizia della Stube.

Tutte le mattine dovevamo raccogliere gli strapuntini, cioè i sacchi di iuta riempiti di trucioli, che fungevano da materassi, sovrapporli in perfetto ordine in fondo alla baracca, in modo da formare un grosso cubo; ripiegare tutte le coperte ed appoggiarle in perfetto ordine sul cubo di materassi, in modo che fosse possibile in qualsiasi momento verificarne il numero.

Il pavimento doveva essere perfettamente pulito e incerato; ho dovuto anche raschiarlo con pezzi di vetro, per ripulire a fondo il legno di abete, per poi nuovamente incerarlo accuratamente.

La sera i materassi dovevano essere sistemati in lunghe file, uno accanto all'altro; dopo che i deportati si erano sdraiati su un fianco, testa contro piedi come sardine, dovevamo stendere sopra quei corpi macilenti le coperte. Io cercavo di favorire gli italiani, in modo particolare i miei amici, cercando di sovrapporre il più possibile i lembi contigui, perché qualcuno di loro potesse usufruire di un doppio strato di quelle logore coperte militari. Se avanzava qualche coperta, aspettavo il buio per farla cadere dove erano sdraiati gli amici.

Durante la notte, nel buio più completo, noi Stubendienste dovevamo imporre il silenzio; era molto difficile, dato l'andirivieni verso la fossa esterna e la difficoltà al ritorno di ritrovare il proprio posto, e soprattutto la propria coperta; le discussioni concitate coprivano spesso i soliti rumori di fondo: gemiti e rantoli dei morenti.

La mattina nella baracca c'erano sempre vari cadaveri, che dovevano essere denudati, portati all'esterno, lavati con una secchiata d'acqua, e tenuti in vista per l'appello.

Sarebbe poi passato un carro per raccoglierli e per portarli al crematorio. Posso testimoniare che nell'ammasso di corpi scheletriti ammucchiati sul carro, trainato da deportati, qualcuno ancora si muoveva.

Si dovevano poi ripulire alla meno peggio i materassi dai quali erano stati raccolti i cadaveri, per poi riporli ordinatamente insieme agli altri.

Durante la notte il capo-baracca affidava agli Stubendienste lo scettro del potere, cioè il tubo nero di gomma, che tanto dolore procurava.

Nella camerata vicino all'ingresso c'erano quattro letti a castello, che durante la notte erano isolati alla vista da alcune coperte, era così creata un po' di intimità per i pochi fortunati occupanti! Personalmente preferivo il pavimento, anche senza materassino, che avrei dovuto condividere con altri Stubendienste.

Ricordo che una notte, durante il mio turno di guardia, avevo più volte colpito col bastone il pavimento, nel tentativo di imporre il silenzio; urlavo «Ruhe!», ma la mia voce da adolescente, non era sufficientemente autoritaria. Si svegliò allora il capo-baracca, ed emergendo dal suo angolo privilegiato, mi strappò il tubo di mano, e menando botte e calci in ogni direzione riuscì a far tacere ogni voce. Nel debole chiarore che filtrava attraverso le finestre lo vidi venire verso di me con fare minaccioso, e pensai subito al peggio! Si limitò a urlarmi addosso alcune parole, che non compresi, ma che non dovevano essere sicuramente di elogio! Mi restituì il tubo di gomma, e con altre parole ma soprattutto a gesti, mi fece capire quale era il metodo migliore per farsi ubbidire!

Il maestro era molto valido, ma l'allievo non aveva proprio intenzione di essere promosso imitandolo!

Terminato il mio turno di guardia, lo jugoslavo, con cui avrei dovuto dividere il materasso, non volle farmi posto: ci fu una breve e silenziosa colluttazione da cui naturalmente non uscii vincitore, anzi oltre a qualche pugno, rimediai anche una bella testata che mi lasciò stordito. Il pavimento di legno fu molto più accogliente del giovane jugoslavo!

Nonostante i supplementi di zuppa, mi sentivo sempre più debole. La razione di pane continuava a diminuire, fino a sparire del tutto nei quattro o cinque giorni che precedettero la liberazione del campo. La sera era distribuita una mezza razione di zuppa, che otteneva come unico risultato quello di aumentare la nostra cronica diarrea.

Ricordo le ultime tre pagnotte di pane a cassetta nero e pieno di crusca e segatura di legno: le prime due furono divise tra sedici persone, l'ultima tra ventiquattro!

Non voglio descrivere le scene che si verificavano durante queste spartizioni: la propria parte era sempre la più piccola, mentre quella del compagno sembrava sempre enorme! Una volta, avendo ricevuto un supplemento di zuppa, risparmiai il mio piccolo pezzo di pane, per gustarmelo la mattina successiva. Fu un'idea del tutto infelice: infatti il rigonfiamento dovuto al pane della mia tasca destra fu immediatamente notato da un gruppo di russi. Subito dopo l'appello del mattino, mentre mi accingevo a rientrare nella baracca, il branco degli affamati mi saltò addosso, Io mi buttai a terra sul fianco destro, nel tentativo di difendere il mio tesoro, ma inutilmente! Fui rivoltato da tante mani, la tasca e il pezzo di stoffa che avvolgeva il minuscolo pezzo di pane furono strappati, e il pane conteso da tante mani si sbriciolava. Il mio richiamo, «Italiani, aiuto!», fu udito, alcuni amici mi strapparono di dosso gli ultimi due russi che cercavano di racimolare le ultime briciole. Avevo il sangue agli occhi per la rabbia, e cominciai a roteare le braccia, colpendo, con le poche energie rimastemi, proprio i miei soccorritori.

Da quel giorno mi guardai bene dal fare provviste, ma consumai immediatamente e velocemente tutto il cibo che era distribuito, o che potevo arraffare.

In quei giorni la vita a Mauthausen non aveva certo molto valore, la morte era ovunque in agguato. Il camino del crematorio fumava in continuazione, e l'odore di carne bruciata ammorbava l'aria che un numero sempre più esiguo di noi deportati respirava.

Per due volte, prima della liberazione del campo, si presentò alla baracca una sorta di commissione medica composta da tre individui in camice bianco. Noi deportati dovevamo spogliarci completamente per poi sfilare di fronte a loro, che di tanto in tanto annotavano il numero di matricola che portavamo sulla piastrina al polso sinistro. Non so con quale criterio operassero questa selezione dato che eravamo tutti in condizioni tali da rendere del tutto irreale la pietosa bugia che ci veniva detta: si sarebbero scelti i più deboli per ricoverarli in ospedale e sottoporli a cure ricostituenti. In realtà dopo qualche giorno erano chiamati i numeri dei selezionati, ma per essere inviati alla camera a gas, di cui nessuno ignorava l'esistenza. Quei medici, se tali erano veramente, avevano compilato le liste abiurando al giuramento di Ippocrate!

Poco prima della liberazione caddi in uno stato di semi-incoscienza: mi muovevo come un automa, la mia memoria pareva funzionare a tratti. Gli importanti fatti che precedettero, accompagnarono e seguirono la liberazione sono stati registrati dal mio cervello in modo discontinuo, con tante omissioni, come se nella pellicola di un film si inserissero numerosi fotogrammi neri!

Ad esempio, la liberazione anticipata dei francesi avvenne a fine aprile, prima della liberazione; ma solo in seguito ho ricostruito la corretta sequenza degli avvenimenti.

Sapevo che tale liberazione era avvenuta, ma quando? Contemporaneamente alla liberazione dei francesi ci fu l'unica distribuzione di aiuti della Croce Rossa Internazionale.

Furono distribuiti pacchi di viveri, ma non ricordo il loro contenuto, né con chi lo divisi. Conservo tra gli angoli della memoria il ricordo sfocato di una scatoletta, forse di tonno, e di un pacco di biscotti, soprattutto per la straordinaria riscoperta del piacere che può procurare il cibo buono.

Mi fa ancora oggi soffrire il ricordo, questo molto preciso, dei compagni che si rifiutarono di dividere con me il contenuto di un pacco perché io non avevo condiviso con loro il supplemento di zuppa che ricevevo in quanto Stubendienst. Non riuscii a convincerli del fatto che quella zuppa doveva essere consumata all'interno della baracca sotto l'occhio vigile del Kapo per evitare baratti. La delusione provocata dalla loro incomprensione mi fece sentire ancora più solo.

Ignoravo del tutto quello che stava accadendo fuori della baracca 24; gli ultimi giorni del lager sono avvolti in una sorta di nebbia. Non mi resi conto del fatto che i militi delle SS delle torrette di guardia erano stati sostituiti, prima da vigili del fuoco, poi da deportati armati appartenenti al Comitato Internazionale clandestino.

Mi resi conto che qualche cosa di importante stava avvenendo perché i deportati della mia baracca, e poi delle baracche vicine, intonarono a mezza voce l'Internazionale, senza conseguenti rappresaglie.

Finalmente il 5 maggio, nel pomeriggio, sentii un gran clamore. Risvegliatomi dal mio torpore, mi resi conto che i cancelli delle baracche e del campo di quarantena erano aperti. Gli scheletri viventi dei deportati andavano e venivano liberamente da una baracca all'altra. Era sogno o realtà quanto accadeva davanti ai miei occhi?

Incerto e un po' timoroso mi avviai verso l'Appellplatz che pullulava di compagni e, non so come, mi ritrovai sul tetto della baracca n. 1.

Proprio in quel momento faceva il suo ingresso in campo il primo automezzo americano circondato da deportati che urlavano di gioia.

I due americani che scesero dal veicolo furono letteralmente sepolti dalla folla: in quel momento veramente magico tornavamo ad essere UOMINI!

Non so come feci a salire sulla baracca, né come ne discesi, ma il ricordo della liberazione è tanto vividamente impresso nella mia memoria da riprovare ogni volta che ne parlo le stesse intense emozioni.

Non ricordo invece molti dettagli per me assolutamente superflui in quegli istanti: l'unica cosa importante era che l'incubo era finalmente finito!

Da quel momento i miei ricordi si interrompono quasi del tutto; probabilmente ho dormito a lungo per scaricare l'enorme tensione emotiva che avevo accumulato nei nove mesi di lager.

Ho ben vivo un ricordo, il ricordo di una scena terribile. Rivedo infatti uno spagnolo appoggiato all'angolo di una baracca, calmo e quasi compassato; sopraggiunge un Kapo inseguito da un gruppo di deportati urlanti; non appena l'aguzzino raggiunge l'angolo, lo spagnolo estrae un lungo e affilato coltello e con incredibile rapidità lo sgozza; la sua mossa è stata di una incredibile rapidità, persino elegante, tanto da lasciare tutti sbalorditi; anche gli inseguitori si sono bloccati sbigottiti e muti.

Potrei oggi paragonare le movenze dello spagnolo a quelle di un bravo ballerino di flamenco!

La mia amnesia si interrompe con il ricordo del mio risveglio in un'altra baracca, all'esterno del campo di quarantena, dove tutti i miei compagni erano italiani: anche questa era la realizzazione di un sogno: potevo capire e farmi capire senza ricorrere al gergo del lager, o alle poche parole tedesche imparate per necessità.

In quella baracca si trovavano tutti gli italiani sopravvissuti nel campo di Mauthausen al momento della liberazione: tra il 1943 e il 1945 furono registrati a Mauthausen 8300 italiani; il 5 maggio 1945 ne erano rimasti in vita poche centinaia!

10

Giorni di tregua

Nella baracca degli italiani ricominciai a vivere.

Feci gruppo con altri tre, e quasi a suggellare la nostra nuova amicizia, mi invitarono ad un vero e proprio festino. Erano infatti riusciti a procurarsi una grossa oca; per parte mia provvidi a reperire due barattoli di succo di pomodoro, bevanda molto diffusa presso gli americani, per poterla cucinare.

D'istinto consumammo il nostro primo pasto nutriente con moderazione; il nostro organismo avrebbe potuto reagire male ad un primo pasto per noi in quel momento quasi pantagruelico. Pur essendo in quattro e molto affamati, l'oca rallegrò la nostra tavola per quattro giorni almeno!

Subito dopo la liberazione il cibo distribuito non era dei migliori, e soprattutto poco adatto a chi necessitava come noi di vitamine e proteine.

Durante la breve occupazione del campo da parte del Comitato Internazionale fu requisito il contenuto di tutti i magazzini della zona. Utilizzando i camion abbandonati dalle SS, furono portate al campo tutte le scorte alimentari che fu possibile reperire. Si trattava soprattutto di farina di cereali, di legumi secchi, di patate. Il cibo più deperibile, ma più necessario, cioè latte, uova, carne, fu requisito in quantità minore; noi deportati variammo quindi la nostra dieta: consumavamo finalmente zuppe dense e saporite, ma sempre zuppe erano!

Nessuno era a conoscenza della dovizia di mezzi degli Alleati e degli americani in particolare, anche per questo si provvide alle requisizioni di scorte essenziali non deperibili. Quando giunsero gli americani, trovando i magazzini pieni, provvidero ad esaurire le scorte, e solo in seguito effettuarono nuovi rifornimenti.

Quando gli americani assunsero il controllo di tutto l'ex lager, non solo ci impedirono di uscire a nostro piacimento dal campo, ma non permettevano assolutamente che portassimo cibo all'interno. Disciplinarono le uscite con il rilascio di permessi, peraltro non difficili da ottenere. Oggi comprendo la necessità di queste misure di controllo e di organizzazione, data la spaventosa realtà che i liberatori avevano trovato al loro arrivo; in quei giorni però queste misure ci parvero eccessivamente autoritarie!

Avvennero anche episodi non troppo edificanti agli occhi degli americani: si diceva infatti che un gruppo di russi avesse saccheggiato una fattoria, e non contenti dello scarso bottino l'avessero incendiata. Noi invece, che avevamo udito i racconti delle terribili nefandezze compiute dai nazisti durante l'invasione della Russia, in fondo non trovammo troppo scandaloso il fatto. D'altra parte i nostri liberatori erano anche impegnati a garantire l'ordine e rapporti corretti con la popolazione civile austriaca.

I soldati di guardia al portone erano veramente inflessibili! Di lì non passava proprio nulla; d'altra parte anche solo un uovo in tasca, data la magrezza dei nostri corpi, diventava una protuberanza molto sospetta.

È facile immaginare la nostra rabbia e delusione, ma gli italiani sono persone piene di risorse! Infatti riuscirono a far entrare in campo non solo uova, polli, conigli, ma addirittura una mucca! L'animale macellato e tagliato a regola d'arte fu fatto bollire in due grossi fusti da olio, debitamente ripuliti. Ognuno di noi ricevette un pezzo di lesso, e i più giovani e gli anziani ricevettero una bella gamella di brodo caldo e saporito. Una vera leccornia!

Dopo essermi un poco rifocillato con quei provvidenziali pasti clandestini, cominciai a uscire dal campo con una certa regolarità. Facevo parte di una squadra ben affiatata e le nostre scorribande fruttavano sempre un sostanzioso bottino.

Dopo una trattativa a gesti riuscimmo un giorno ad assicurarci gli avanzi di una cucina da campo americana. Dovevamo trovare però i recipienti per quel cibo fortunosamente reperito; il problema fu risolto requisendo, sotto gli occhi stupiti e increduli dei padroni di alcune case in cui eravamo entrati, tutto quanto ci occorreva.

Tutti i recipienti requisiti furono restituiti dopo l'uso.

Altre volte due di noi si presentavano alle porte di una cascina, ed utilizzando il nostro esiguo lessico tedesco chiedevamo di poter comprare latte, uova, pane; mentre noi portavamo avanti la trattativa con qualche marco rimediato chissà come, e forse anche scaduto, gli altri sul retro razziavano il pollaio.

Una volta portammo l'intero bottino, ben quattro polli, in una trattoria; ci accordammo per ritornare qualche ora dopo per consumare il frutto della nostra ladresca impresa. Fu un pranzetto coi fiocchi! Era la prima volta dopo tanto tempo che potevamo sedere ad una tavola apparecchiata con tovaglia, tovaglioli, piatti, bicchieri, posate! Ci furono servite anche altre vivande, tanto che ci sentimmo in dovere di lasciare ai nostri ospiti alcuni pacchetti di sigarette, americane naturalmente!

Ero diventato abbastanza accorto e veloce nelle mie ruberie. Il mio colpo migliore lo realizzai a danno di un soldato americano, autista di camion. Era fermo col suo mezzo, non dotato di portiere, ma solo di una catenella di chiusura, e sul sedile accanto a sé teneva uno splendido barattolo di pesche sciroppate, rese ancora più appetitose dal loro aspetto di prodotto casereccio. Mi misi a passeggiare con aria indifferente, sbirciando di sfuggita quell'incommensurabile tesoro, tenendo la giacca appoggiata alla spalla sinistra, in modo da poter nascondere subito la refurtiva.

L'americano stava fumando, e quando distolse un attimo lo sguardo per gettare il mozzicone, velocissimo afferrai il barattolo e lo nascosi sotto la giacca: non vidi mai più una tale espressione di sorpresa e incredulità!

Con un altro colpo mi appropriai di una bellissima scatola di cartone bassa e larga, decorata con vistosi disegni a colori.

Non conoscevo l'inglese, e così immaginai che si trattasse di una scatola di biscotti, che già pregustavo in tutta la loro delizia. Mi appartai sulla riva del Danubio, e lì nascosto tra i cespugli, aprii la scatola pronto ad una scorpacciata solitaria.

Quando tolsi il coperchio la mia delusione fu enorme: si trattava di un manometro per misurare la pressione dei pneumatici! La rabbia e la delusione mi fecero afferrare il manometro, che dopo aver compiuto alcuni giri sulla mia testa, fu scaraventato nelle acque del Danubio, sul cui fondo immagino ancora si trovi.

Intanto il tempo passava; uscivamo ogni due o tre giorni, sempre in gruppo: infatti per le bellissime campagne circostanti vagavano ancora SS e gruppi di militari che non esitavano ad aprire il fuoco contro di noi, come accadde ad un compagno di Wiener Neustadt. Il poveretto, colpito da una fucilata in pieno petto, fu immediatamente ricoverato nell'ospedale militare, ma non ci fu nulla da fare! Il suo fu un destino veramente crudele!

Varie testimonianze di ex deportati raccontano di ricoveri in ospedale, di cure amorevoli subito dopo la liberazione, e di essere stati dimessi solo dopo aver recuperato almeno in parte le forze. Io però non ricordo assolutamente di aver ricevuto cure, o forse le ho ricevute mentre mi trovavo in quello stato di totale spossatezza, che ha impedito al mio cervello di ricordare quanto mi accadde immediatamente dopo la liberazione. Sono naturalmente totalmente riconoscente all'esercito americano per avermi salvato la pelle, ma se sono riuscito a recuperare le forze, lo devo esclusivamente ai miei compagni, che condivisero con me i frutti delle loro ladresche imprese. Non ricordo i loro nomi, ma sono ancora ben presenti nella mia memoria i loro volti e la loro solidarietà!

Durante una delle passeggiate all'esterno dell'odiato recinto del lager, arrivai alla cava di granito e scesi la «scala della morte» che era allora formata da gradini assolutamente irregolari, da pietre di varie dimensioni, semplicemente appoggiate in terra senza essere cementate, i gradini risultavano essere inoltre di altezza variabile.

Ringraziai il Signore perché nemmeno per un giorno avevo dovuto lavorare in quell'inferno. Penso che non sarei sopravvissuto per un intero turno di lavoro!

Dopo qualche settimana venni a sapere dell'esistenza del sottocampo di Gusen, che si trovava a sette chilometri da Mauthausen. Seppi inoltre che là si trovavano molti italiani; fra questi io speravo di ritrovare il mio amico Guido. Una mattina, ottenuto il solito permesso, decisi di recarmi a Gusen. Non avevo la più pallida idea di dove fosse il campo, ma solo una generica informazione. «È là», mi disse qualcuno indicando in una certa direzione. Non mi capacito ancora adesso di come abbia potuto raggiungere tanto facilmente la mia destinazione. Non chiesi informazioni lungo il percorso; inoltre le persone che incontravo, vedendo un ex deportato, preferivano cambiare strada.

Arrivato a Gusen potei riabbracciare Guido: ci raccontammo subito a vicenda quanto era accaduto. Ebbi però una brutta notizia: Elio, ingannato durante la marcia della morte dalle SS e salito su un loro camion, era stato ucciso all'arrivo nella camera a gas di Mauthausen!

La prima preoccupazione degli amici di Guido fu quella di rifocillarmi, e mi offrirono dell'ottimo pesce da loro pescato e cotto sulla piastra della stufa.

Mi insegnarono anche la loro tecnica di pesca col sale di cloro, utilizzato per disinfettare le latrine.

Mi trasferii a Gusen; due giorni dopo il mio arrivo gli italiani di Mauthausen partirono per l'Italia con mezzi della Croce Rossa; ho saputo in seguito che non fu un viaggio agevole e neppure veloce, soprattutto per le difficoltà incontrate al confine con la Svizzera.

Un giorno, mentre oziavo nella baracca, venne a trovarmi E. O., ragazzo di Genova autista del comandante americano del campo. Il suo gravoso lavoro consisteva nell'andare a prendere il maggiore Levy nella villetta dove risiedeva, portarlo nel suo ufficio, riportarlo indietro la sera.

Per questo lavoro E.O. poteva risiedere in una stanza del dormitorio dei soldati americani, mangiava alla loro mensa, ed aveva per tutto il giorno la macchina a disposizione. L'auto era una Volkswagen militare, con la ruota montata sul cofano anteriore, ma agli occhi di tutti noi era meglio di una Rolls Royce,

E. O. mi chiese di andare a vivere con lui e con un altro ragazzo di Milano, che svolgeva le mansioni di meccanico, nel suo alloggio e di condividere tutti i suoi vantaggi. Figurarsi la mia sorpresa! Naturalmente la sua richiesta non era casuale: si era parlato di me tra gli italiani, e in considerazione della mia giovane età, aveva chiesto al maggiore americano di ospitarmi, perché mi potessi riprendere e mi potessi nutrire a dovere.

Incominciò così per me il periodo più bello al termine della deportazione.

Nella cameretta che condividevo con i nuovi amici c'era un armadio pieno di ogni ben di Dio: latte, uova, burro, marmellata, farina, pollame, ed addirittura un quarto di agnello. L'automobile del comandante non era mai perquisita, perciò era stato possibile introdurre in campo tutta quella roba.

Approfittando dell'esistenza di un grosso fornello elettrico e di un tegame, mi improvvisai cuoco, proprio cucinando il cosciotto di agnello: il successo fu enorme!

Sulle ali dell'entusiasmo impastai farina, uova e latte evaporato, e utilizzando il manico di una scopa come matterello, riuscii a tirare la sfoglia su un piano di dubbia pulizia, ottenendo così delle lasagne. Mi inventai un sugo con gli ingredienti che avevo a disposizione, e finalmente potei servire la prima pastasciutta dopo quasi un anno dalla mia cattura.

Nonostante il colore grigiastro della pasta, dovuto agli utensili improvvisati, tutti gradirono la mia ricetta; anzi E.O. ne portò una buona porzione al suo comandante, che, conquistato dalla bontà del mio manicaretto, diede disposizione che Marcello potesse approvvigionarsi di tutto quello che gli necessitava in magazzino per poter cucinare a suo piacimento!

Non mi mancava proprio nulla, non avevo più bisogno di rubare; i soldati americani stufi del loro cibo in scatolette, ne ammucchiavano vere e proprie cataste nelle loro camerate. Facevamo loro un enorme piacere se le utilizzavamo per il baratto con cibi freschi nelle cascine intorno all'ex lager.

L'ultima cosa che rubai fu un paio di pantaloni militari, di quel bel panno a diagonale dell'esercito americano, che da giorni erano stesi su una cordicella ad asciugare; i miei calzoni erano ancora quelli dell'ultima distribuzione nel campo di quarantena, con le strisce di vernice rossa, non seppi resistere alla tentazione di cancellare un altro segno della mia permanenza in lager, volevo liberarmi di ogni tipo di marchiatura!

I miei due nuovi amici erano giovani e allegri; il milanese si era invaghito di ben due infermiere austriache che lavoravano nell'ospedale americano. Non so come riuscissero a comunicare, ma organizzarono anche feste da ballo. Ad una di queste fui invitato anch'io. Fu una serata suggestiva: mancando l'energia elettrica l'aia era illuminata da candele; c'era un vecchio grammofono a manovella piuttosto sfiatato che suonava vecchi valzer. Io non sapevo ballare e me ne stavo in disparte solo, finché una ragazzina con le lunghe trecce bionde mi sedette accanto; anche se non parlammo molto, trascorremmo una bella serata.

Il tempo trascorreva dunque abbastanza piacevolmente. Ogni tanto incontravo Guido ed Enzo, e ricordavamo quanto ci era accaduto nei mesi precedenti.

Potrebbe apparire logico pensare che le nostre conversazioni riguardassero il nostro prossimo ritorno a casa, i progetti per il futuro.

Niente di tutto questo!

Forse era pudore, forse era timore per quello che avremmo potuto trovare al nostro ritorno, ritorno che mentalmente procrastinavamo il più possibile.

Avremmo dovuto presto affrontare nuovamente la normale vita di tutti i giorni, per la quale ci sentivamo impreparati e disabituati.

Anche uomini adulti, con un lavoro o una professione già avviata, con una famiglia prima dell'esperienza del lager, erano stati profondamente provati.

Noi sopravvissuti avevamo un luogo ove dormire, e ricevevamo il cibo necessario, ma solo pochi giorni prima eravamo completamente succubi di un sistema organizzato per annientarci.

Avevamo compiuto un primo passo verso la libertà, ma non eravamo ancora pronti a riassumerci le nostre vere responsabilità nei confronti delle nostre famiglie e della società che ci attendeva al nostro rientro, di cui ignoravamo tutto.

Quando arrivò la notizia della partenza ormai prossima, rimanemmo tutti un po' interdetti. Stava per terminare la nostra vita sospesa in una specie di limbo, stavano per terminare i nostri giorni di tregua!

11

Il viaggio di ritorno

Il 21 giugno 1945, esattamente un anno dopo la partenza da Fossoli, fummo condotti alla stazione ferroviaria, non ricordo se di Mauthausen o di Linz, dove ci attendeva una lunga tradotta di rossi vagoni merci.

Vi salimmo, disponendoci in una trentina per ogni vagone, e quando il treno si avviò, nessuno chiuse i portelloni piombandoli, né c'era filo spinato a impedire la fuga dal piccolo finestrino. Salì su ogni vagone un soldato americano, che aveva il compito di difenderci in caso di attacco da parte di gruppi di sbandati armati che si aggiravano nei boschi dell'Austria.

E.O. aveva trovato una fisarmonica e tentava di imparare a suonarla, rompendo i timpani a tutti con le sue note sgraziate, che invano cercavano di ordinarsi in un qualsiasi motivetto.

Erano talmente strazianti i suoi tentativi, che gli fu imposto di uscire al vagone e di proseguire i suoi arpeggi nella garitta del frenatore di cui il nostro vagone era fornito.

Approfittando di una delle tante soste del convoglio E.O. uscì dal carro ed io, sia per tenergli compagnia sia per stare all'aperto, mi misi cavalcioni su uno dei respingenti, compiendo così buona parte del viaggio.

Verso sera, non era ancora buio, il treno arrivò ad Innsbruck, fummo fatti scendere ed avviati verso le baracche di un ex lager.

I pali che sostenevano il filo spinato erano stati abbattuti, notai però che c'era un solo ordine di pali di recinzione e che non c'erano isolatori a supporto di fili, quindi mancava l'elettrificazione alla recinzione. Queste differenze rispetto alle recinzioni dei campi in cui ero stato rinchiuso mi colpirono, ma allora ancora non sapevo che esistevano tante tipologie di campi all'interno del sistema concentrazionario nazista.

L'ansia del ritorno, con tutti i suoi possibili imprevisti, problemi o addirittura tragedie se a casa non avessimo ritrovato i nostri cari, non lasciava prevedere di trascorrere una nottata facile, nonostante la stanchezza e l'ubriacatura di aria libera goduta durante il viaggio.

Spinto dalla curiosità mi misi a girellare per il campo, dirigendomi verso le cucine, poteva sempre scapparci un supplemento di rancio!

Incontrai altri italiani, e scoprii una particolare categoria di prigionieri: gli Internati Militari Italiani, o IMI; loro mi informarono che noi deportati avevamo priorità assoluta per il rientro in Italia.

Il nostro gruppo sarebbe partito l'indomani mattina, mentre loro dovevano attendere ancora qualche giorno.

Con mia grande sorpresa, mentre parlavo con questi militari, vidi il famoso N., che a Mauthausen nel blocco 17 si era messo in evidenza come delatore, rivelando al capo-blocco chi era riuscito a salvare qualche piccolo oggetto alla perquisizione al momento dell'immatricolazione. La sorpresa fu comunque reciproca!

Era ben pasciuto e vestito di un completo tirolese: camicia bianca, pallini di lana al collo, pantaloni corti di pelle grigia con pettorina, calzettoni bianchi, e classico cappellino con la piuma! Un vero e proprio figurino. Il contrasto con i miei stracci era troppo evidente per non farmi rendere conto che doveva aver fatto carriera tra i Prominenten. Corsi subito alla nostra baracca per informare tutti gli altri dell'incontro. Con Guido e me c'erano altri sopravvissuti del trasporto da Fossoli e tutti sapevamo la sua storia. Immediatamente il campo fu letteralmente setacciato e N. fu ritrovato mentre cercava di allontanarsi con uno zaino sulle spalle.

Preso sottobraccio da Guido e da me, fu condotto alla nostra baracca, dove gli immatricolati con il 76000 instaurarono una sorta di tribunale, che emise rapidamente una condanna, prontamente eseguita. N. era proprio sfortunato: aveva sempre gli abiti polverosi, che erano sempre ripuliti da gente distratta, che si dimenticava di toglierlo dai panni stessi durante l'energica spolveratura. Richiamato dal clamore della rapida esecuzione della condanna senza appello, sopraggiunse un gruppo di soldati americani, proprio mentre N., sorretto da Guido e da G.C., un ragazzo di Pistoia, era condotto al comando del campo per essere denunciato come criminale di guerra. Tutti noi infatti pensavamo che tale imputazione fosse talmente grave da marchiarlo per tutta la vita: poveri illusi!

Gli americani fecero poche distinzioni, anche perché nessuno era in grado di dare spiegazioni in inglese: e così misero in cella N. e gli altri due.

Mi ritrovai di nuovo senza la compagnia di Guido con cui volevo affrontare il difficile momento del rientro.

Con Enzo, altro amico fiorentino, decidemmo di partire il mattino successivo e di attender Guido a Bolzano, dove era prevista una sosta.

Finalmente nel pomeriggio, dopo un'unica fermata al Brennero, arrivammo a Bolzano, accolti affettuosamente da membri della Croce Rossa e di altre organizzazioni di volontariato.

Stordito e confuso da tante manifestazioni di solidarietà e amicizia, accettavo ciò che mi era dato senza quasi reagire.

Ebbi indumenti e scarpe nuovi, non stracci di recupero più o meno puliti! Misi nel mio zaino della Luftwaffe preso ancora in campo, i pantaloni americani, la camicia grigioverde e la giacca grigia, con il riquadro a strisce sulla schiena, che costituivano tutto il mio guardaroba, e ai piedi calzavo un paio di stivali seminuovi, trovati non so dove, con la scarpa in buona pelle ed i gambali in pesante tela. Sicuramente non erano in dotazione all'esercito italiano, i materiali erano di troppo buona qualità; le nostre truppe avevano dovuto contentarsi degli scarponi di cartone e delle fasce per ripararsi le gambe! Ricordo di aver utilizzato gli stivali negli anni successivi per andare a caccia.

Dopo un anno ero rientrato in Italia, rivestito, nutrito e circondato da persone premurose, che cercavano di non farmi sentire solo e derelitto, ma in me, come credo in tutti, cresceva il timore per il futuro.

«Troveremo ancora qualcuno dei nostri cari?!» era la domanda che ci assillava.

La mattina successiva salutammo molti compagni che partivano per le loro case; Enzo ed io rimanemmo nella scuola di Bolzano, trasformata in albergo, per attendere la prossima tradotta dall'Austria il cui arrivo era previsto nel pomeriggio.

Intanto ci eravamo informati sulle possibilità di raggiungere Firenze.

Le ferrovie non funzionavano ancora, sia perché i tedeschi in ritirata avevano fatto saltare ponti e raccordi, sia perché alcuni tratti erano stati distrutti dai bombardamenti degli Alleati. Le strade non erano in migliori condizioni, ma la necessità di rifornire gli eserciti aveva reso necessaria la ricostruzione di ponti e viadotti, e quindi questa era la via più facilmente percorribile. Il Po era attraversato da ponti di barche e da traghetti, mentre sui corsi d'acqua più piccoli il Corpo Genieri dell'esercito americano aveva installato ponti metallici prefabbricati.

I responsabili del centro di accoglienza di Bolzano ci assicurarono che la loro organizzazione era in grado di trasportarci fino a Bologna, ma non avevano collegamenti con chi operava per superare l'Appennino.

Sapevano che c'erano altri volontari ma non potevano da Bolzano darci assicurazioni su tempi o modalità dell'ultimo tratto del nostro viaggio.

Si sapeva inoltre che sui passi della Futa, della Cisa e del Bracco operavano ancora bande di fascisti che depredavano, armi alla mano, tutti i mezzi in transito.

Sarebbe stato il colmo per noi rimetterci la pelle a due passi da casa e per mano di coloro che avevamo combattuto e che ci avevano avviato ai lager nazisti.

Il giorno dopo arrivò anche Guido, sano e salvo; aveva potuto spiegare agli americani quanto era accaduto ed era stato subito liberato, in tempo per prendere la tradotta del mattino successivo.

Alla luce delle informazioni raccolte, Guido, Enzo ed io riflettemmo a lungo ed infine decidemmo che prima di partire per la Toscana fosse necessario conoscere la sorte delle nostre famiglie.

Guido propose di andare a Milano, dove viveva un cugino, che sperava fosse vivo e rintracciabile al vecchio indirizzo. Non era possibile telefonare, funzionavano solo le linee urbane; si decise di tentare la sorte e salimmo così sul primo camion diretto a Milano quello stesso pomeriggio.

Viaggiammo tutta la notte facendo sosta nei punti di ristoro che sia la Croce Rossa sia varie associazioni laiche e religiose avevano disposto lungo le direttrici del rientro dalla prigionia in Germania e Austria.

Ricordo un convento sul lago di Garda, dove le suore si adoperarono con grande sollecitudine per preparaci la cena.

Era proprio piacevole sentire intorno a noi calore umano e rispetto!

A Milano fummo accolti con molto affetto e commozione; voglio ricordare soprattutto due sorelle, studentesse universitarie, che furono particolarmente gentili e sollecite nei nostri riguardi, che ci procurarono anche un po' di denaro. Erano le prime AmLire che vedevamo!

Rintracciato il cugino di Guido immediatamente, egli si premurò di telegrafare in Toscana, comunicando il nostro arrivo e chiedendo loro notizie. Il giorno dopo giunse la notizia tanto attesa: TUTTI BENE!

Ebbi l'indirizzo dei miei a Firenze, via Martelli 31, una zona centrale; la cosa suscitò commenti fraternamente invidiosi dei miei compagni di viaggio!

Finalmente rinfrancati dalle buone notizie, la stessa sera girellando per il centro di Milano ci capitò di vedere un cinematografo, era in programmazione *Il grande dittatore* di Chaplin. Entrammo subito, e ci offrirono anche l'ingresso, dato il nostro aspetto sicuramente non florido. Ci godemmo quel capolavoro in un cinema di lusso sprofondati in comode poltrone: una bella rivincita su chi aveva cercato di annientare ogni nostra umana dignità in lager!

La mattina successiva Guido cercò un mezzo per arrivare a Firenze; trovò un passaggio su un camioncino per una cifra che ci parve iperbolica, tra l'altro da pagare in anticipo. Suo cugino anticipò la somma, e finalmente, salendo su quel vecchio camioncino Fiat, aveva inizio l'ultimo tratto del nostro viaggio di ritorno dall'inferno.

Era il 30 di giugno, ed ho un ricordo confuso di quella interminabile scarrozzata nell'Italia orribilmente segnata dalla guerra, con le strade ingombre di macerie nei centri abitati, e percorse da ogni tipo di mezzo di locomozione. Al tramonto passammo il Po su un ponte di barche.

Abituato com'ero a viaggiare in qualunque condizione e soprattutto ad approfittare di ogni momento di quiete per riposare, compii quel viaggio in una sorta di dormiveglia, senza pensare a ciò che mi attendeva a casa.

Finalmente nella tarda mattinata giungemmo a Firenze, e nei pressi del mercato del Porcellino l'autista, ubriaco di sonno e di stanchezza, ci fece scendere.

Con lo zaino in spalla ci avviammo a quel magico indirizzo. Giunto in prossimità del portone mi vidi piombare addosso un americano che chiamandomi per nome rideva e piangeva nello stesso tempo. Era mio padre, che era entrato a far parte del servizio di controspionaggio americano per coordinare la ricerca dei criminali di guerra fascisti.

L'incontro più commovente fu quello con la mia mamma. Non furono dette tante parole, ma il suo sguardo dolce e triste mi fece capire quanti patimenti aveva passato per la sorte che avevo subito. Anche in seguito non mi fece molte domande, aveva capito la mia grande sofferenza. Fervente cattolica era convinta che il mio ritorno fosse un vero e proprio miracolo ottenuto per la sua fede incrollabile e per le sue continue e assidue preghiere. La mia sopravvivenza è infatti stata frutto di tanti miracoli, operati però dalla solidarietà dei miei compagni!

Mio fratello e mia sorella mi aspettavano a Prato, dove la mia famiglia aveva preso residenza; la casa di Firenze era quella di mio zio Cesare e di mia zia Marta.

Abbracciati e baciati tutti i parenti, partimmo alla volta di Prato su una Fiat Topolino, senza ulteriori problemi, dato che la mattina mio padre per l'emozione non aveva disinserito il freno a mano, un acre fumo riempì l'auto, ma tutto finì per il meglio e potei anch'io ritornare a Prato.

Tutti erano molto eccitati e felici, forse il più calmo ero io, che mi chiedevo il perché di tutte quelle manifestazioni d'affetto.

Quelle che mi stavano intorno erano persone reali o erano frutto della mia immaginazione? Che cosa volevano in cambio di quell'affetto che sembrava disinteressato? Potevo fidarmi di loro?

Queste e tante altre domande formavano una sorta di fitta ragnatela di dubbi nella mia mente e nel mio cuore.

Una sola cosa era certa: ERO FINALMENTE A CASA!

12

Epilogo: la difficile normalità

Se una persona rimane al buio per molto tempo, non appena rivede la luce del sole, ne è talmente abbagliata da non riuscire a distinguere più nulla; gli oggetti non hanno più contorni, ed anche l'equilibrio è incerto, perché mancano punti di riferimento.

Avevo vissuto una specie di oscurità degli affetti, solo la solidarietà degli amici e compagni di deportazione aveva rischiarato quelle tenebre.

Fui dunque abbagliato da tutto quell'amore che veniva spontaneo dai miei cari, che mi elargivano a piene mani e che mi lasciava stordito e confuso.

Avevo addirittura l'impressione di essere controllato, poiché ogni volta che volevo fare una qualsiasi cosa, c'erano i miei pronti ad aiutarmi.

Ricordo soprattutto la figura di mia mamma, silenziosa ed onnipresente, che talvolta sorprendevo a guardarmi con uno sguardo indecifrabile per me, ma pieno d'amore e di apprensione, come se avessi potuto scomparire da un momento all'altro.

La mia mamma ha patito molte sofferenze nella sua breve vita; si è addossata per lunghi periodi il peso di tutta la famiglia, lavorando fino allo stremo delle sue forze.

Non mi ha mai chiesto nulla del periodo trascorso in lager, ma per lei non era necessario «sapere»: il mio fisico così mal ridotto ed il mio comportamento da disadattato le raccontavano tutta la storia di patimenti e violenze sofferti in lager.

La mamma morì a soli 57 anni per un male incurabile, dopo terribili sofferenze; volle con sé nella bara tutti gli indumenti e gli oggetti che avevo portato a casa dopo la deportazione, convinta che quei quattro stracci fossero quelli che mi avevano coperto a Mauthausen; fu un grande gesto d'amore, quasi un volere portare con sé per sempre le mie sofferenze, e quasi un dare inizio alla mia nuova vita di uomo ormai fatto.

Non ha voluto sicuramente cancellare la memoria di quanto era accaduto; ha sempre invece cercato attraverso i miei ricordi di aiutare chi cercava i propri cari deportati e spariti nell'inferno del lager. Da Prato molti furono deportati, e dopo il mio ritorno la mamma mi fece incontrare molte persone che mi mostravano fotografie di giovani sorridenti e allegri, che fornivano descrizioni dettagliate dei loro cari nella speranza che potessi aiutarli, ma non ho riconosciuto nessuno. Forse è stata una fortuna non dover dire loro che erano dovuti passare per il camino! Soprattutto durante quegli incontri ho evitato di descrivere quanto accadeva in lager; forse non era la cosa giusta da fare, ma proprio non me la sentivo di aggiungere altro dolore a chi già tanto soffriva. Avevo comunque una certa forma di ritegno nelle descrizioni, perché ritenevo, ed in un certo senso ancora oggi ritengo, che poche persone possano veramente capire che cosa è stato il lager.

Appena dopo la fine della guerra tutti avevano le loro storie dolorose da raccontare, tutti avevano sofferto in qualche modo fame o privazioni o disagi, né d'altra parte si può stabilire una graduatoria delle sofferenze! E quindi i nostri racconti, che pure stentavamo a fare, si confondevano nell'epopea della guerra appena conclusa. Di una cosa sono assolutamente certo: se la mia mamma fosse qui, sarebbe la prima a spronarmi a coltivare la memoria di quanto ho vissuto, a scrivere e a partecipare alle attività che Enti ed Associazioni promuovono sulla storia della deportazione. Lei era una brava docente di lettere, e quindi sapeva quanto è importante e fondamentale lo studio della storia.

Dopo tanti anni mi meraviglio ancora della rapidità con cui ho potuto ritrovare un certo equilibrio ed una certa serenità. Nell'era degli psicologi, degli psichiatri, degli psicoterapeuti è quasi inconcepibile che da solo e così giovane abbia potuto affrontare e superare il trauma della deportazione che ha segnato in profondità chi ha vissuto quell'esperienza.

La solitudine era comunque il sentimento dominante: forse ci si può sentire soli anche tra persone che ci amano dopo aver dovuto affrontare situazioni particolarmente dolorose. Dopo il mio ritorno a casa mi sentivo quasi soffocare, e decisi perciò di recarmi qualche giorno presso l'amico Guido. Non mi rendevo assolutamente conto del dolore che davo ai miei andandomene pochi giorni dopo il mio ritorno, ma non ero proprio pronto ad accettare il loro affetto.

Andai dunque ospite per una decina di giorni a Poppi dove Guido risiedeva con i genitori e le sorelle. Non so dire cosa mi accadde; forse vedendo da spettatore come funzionava una famiglia, le cure e le attenzioni cui anche Guido era sottoposto mi fecero nuovamente capire come funzionava il delicato meccanismo degli affetti; solo quando mia madre e mia sorella vennero a riprendermi fui capace di sciogliere quei nodi che tenevano legati affetti e sentimenti. Probabilmente mi aveva dominato la paura di perdere nuovamente, dopo averli ritrovati, il loro affetto, la loro tenerezza, la loro comprensione. Quando, dove e come mi sarei di nuovo risvegliato con un vestito a righe, riconosciuto per il numero che portavo al polso, sottoposto ad una vita da schiavo?

Poco per volta riuscii a rimettere tutto nella giusta prospettiva.

Di certo la situazione economica della mia famiglia non era buona. Il lavoro era lontano o precario, io mancavo di tutto, anche di vestiti e biancheria, avevo però la taglia di mio fratello e potevo utilizzare il suo guardaroba, peraltro modesto: se ci volevamo cambiare i pantaloni dovevamo scambiarceli!

Inoltre avevo bisogno di cure mediche, di cibo nutriente e di aria buona. Mi furono diagnosticate a posteriori una pleurite secca, una frattura della clavicola di cui non mi ero reso conto, disfunzioni all'apparato digerente con ripercussioni per il mio metabolismo, ed una grave astenia muscolare; il mio torace misurava 70 cm., la circonferenza del polso 22, del bicipite 20, e la circonferenza del ginocchio era di molto superiore a quella della coscia.

Una famiglia conosciuta durante il servizio nel Controspionaggio americano di babbo si offrì di prestarci la casa che aveva a Monghidoro, in alta collina, presso il Passo della Futa. Non era certo un luogo di villeggiatura, il paese era molto isolato e talvolta per mettere qualcosa sotto i denti, mio fratello ed io davamo la caccia ai piccioni con la carabina ad aria compressa. Il luogo isolato mi permetteva di assistere ai voli maestosi di numerosissimi falchi. Li seguivo mentre scendevano in rapide picchiate per risalire stringendo fra gli artigli un topolino o una serpe. Talvolta riprendevano quota a rostri «asciutti», ed io che parteggiavo per le vittime ero intimamente contento.

Un giorno, trovato un passaggio su un camion, andammo a Bologna in visita ad un gruppo di ufficiali, che facevano parte del primo nucleo dell'esercito italiano aggregato ad un battaglione inglese. Erano stati a Prato prima dello sfondamento della linea gotica, avevano conosciuto i miei, sapevano che ero stato deportato, e volevano conoscermi di persona. Fu una giornata piacevole, ma per una certa forma di riservatezza, non mi dilungai troppo nel racconto della mia esperienza in lager.

Devo aver comunque ispirato simpatia perché qualche anno dopo fui invitato ad una partita di caccia da uno di quegli ufficiali.

Voglio raccontare due episodi che secondo me descrivono l'atteggiamento prevalente in quel periodo nei confronti dell'esperienza della deportazione.

Il primo si svolge a Pistoia, dove andai a salutare un ufficiale amico di mio padre che era stato catturato dagli Inglesi in Etiopia. Il maggiore D. esordì subito con la dichiarazione che la sua prigionia era stata terribile, le sue sofferenze indicibili e non paragonabili a nessun'altra detenzione presente, passata e futura. Timidamente, come si conviene ad un quindicenne di fronte ad una persona adulta ed autorevole, feci qualche domanda, e cioè: «Vi davano da mangiare?». «Sì, ma era cibo inglese». «Dovevate lavorare?». «Assolutamente no, sarebbe stato contrario alla convenzione di Ginevra, soprattutto trattandosi di ufficiali dello Stato Maggiore». «Come passavate il tempo?». «Di solito al circolo giocando a carte o al biliardo oppure leggendo, ma erano sempre i soliti libri; ogni tanto potevamo anche uscire dal campo per brevi passeggiate, ma dovevamo umiliarci a chiedere il permesso agli Inglesi». «Mi scusi, ma qual era allora la causa della sua sofferenza?». Guardandomi con aria sprezzante, e che non ammetteva repliche, mi rispose: «Ma eravamo privi della nostra libertà personale!». Suo cognato e suo nipote erano stati deportati a Mauthausen con me; solo il nipote, molto malato, era ritornato; nonostante questo quell'ufficiale ha dimostrato di non provare la benché minima forma di solidarietà per le esperienze dolorosissime patite da altri.

All'atto della mia iscrizione alla prima classe del Liceo Scientifico Cicognini di Prato si verificò l'altro episodio, per certi versi quasi divertente.

Avevo la licenza media, ma non avevo aperto un libro dal giugno del 1944, quando fui catturato. Mia madre nell'ottobre del 1945, all'atto dell'iscrizione, chiese di parlare con il direttore per spiegargli, da insegnante, le mie eventuali possibili difficoltà di reinserimento nell'ambito scolastico. Il colloquio fu abbastanza breve.

Mostrando tutta la sua comprensione il direttore concluse: «Capisco perfettamente i problemi di suo figlio, ma anche se per due anni non ha seguito un corso regolare di studi, avrà ben letto qualcosa nella biblioteca del lager!». Anche una persona con grandissime responsabilità per l'educazione delle future generazioni dimostrava, nella migliore delle ipotesi, totale ignoranza rispetto alla storia del proprio tempo.

Ripresi comunque a frequentare la scuola; i miei compagni non erano per nulla impressionati o interessati ai miei trascorsi. Con due di loro, Pippo e Armando, stabilii un buon rapporto.

Gli insegnanti non mi agevolarono per nulla, mi ricordo soprattutto il prof B., giovane docente di lettere, ancora imbevuto di mistica fascista, che mi perseguitò abbastanza, finché non ebbi una reazione dura di fronte all'ennesima prevaricazione: mi dimostrò la sua antipatia non classificandomi mai sufficiente in latino e italiano scritti. Durante il triennio ebbi un ottimo insegnante di educazione fisica, ex olimpionico di atletica, che si prese cura della mia muscolatura atrofica, tanto che entrai a far parte della Società Ginnica Etruria di Prato e partecipai alle gare internazionali di Venezia. Durante queste gare accadde un episodio che tradiva il mio ancora forte odio contro i tedeschi. Infatti con mio fratello e altri compagni stavo per salire su un vaporetto per una breve visita alla città, quando sentii parlare tedesco: si trattava di un gruppo di svizzeri, ma mi avventai contro di loro a testa bassa egualmente: fortunatamente i miei compagni mi trattennero, e tutto si risolse con l'attesa del vaporetto successivo!

Ricordo l'incubo degli esami di maturità; qualche giorno prima del loro inizio fui colto da un gravissimo attacco di reumatismi praticamente a tutte le articolazioni.

Fasciato come una mummia, puzzolente di linimenti ingollavo dosi industriali di salicilato di sodio, che mi procurava forte essudazione. Mio fratello mi portava a scuola sulla canna della bicicletta, arrivati a destinazione mi caricava sulle spalle e mi portava in classe, dove mi sistemava nel banco rigido come un baccalà!

Fui tra i pochissimi a superare l'esame a luglio, e fu una grande soddisfazione: nessuno mi aveva regalato nulla!

Mi iscrissi all'università, alla facoltà di chimica di Firenze, e mi laureai perfettamente in corso. La mia condizione di ex deportato politico non mi ha mai facilitato nella mia carriera di studio e di lavoro, strada molto spesso in salita. Anche le istituzioni non mi hanno sostenuto o aiutato.

Per molti anni le vicende famigliari e di lavoro mi hanno completamente coinvolto: solo negli anni Ottanta con l'aiuto di ex deportati e studiosi amici, dagli angoli della memoria ciò che ho vissuto in lager è organicamente riaffiorato, si è strutturato in un racconto, e ora finalmente è diventato scrittura, e rimarrà dopo di me.

Tanti prima di me hanno detto e scritto della necessità di testimoniare, non potrei aggiungere nulla; ai miei nipoti, e a tutti coloro che vorranno leggerle, lascio queste pagine, che vogliono soprattutto onorare i dodici milioni di morti nei lager nazisti, che alla fine della loro vita e delle loro sofferenze ebbero soltanto una bara d'aria!

Anna Martini ricorda il ritorno di Marcello

Da un giornale di Firenze avevamo avuto la notizia che Marcello era vivo al momento della liberazione di Mauthausen.

Dalla liberazione del lager al ritorno a casa di mio fratello trascorsero quasi due mesi, pieni di interrogativi e di angoscia. Finalmente a fine giugno la grande e tanto attesa notizia: Marcello era finalmente in viaggio per Firenze. Babbo e mamma vi si recarono per abbracciarlo per primi, Piero ed io rimanemmo a Prato in attesa.

Nel pomeriggio risuonò nel vano delle scale una voce che non conoscevo: «GENTE!».

Corsi immediatamente ad aprire la porta e mi trovai di fronte ad un ragazzo alto, magrissimo, dai capelli rasati, che di Marcello aveva solo gli occhi, ma non lo sguardo. Lo abbracciammo, lo baciammo, piangemmo per la gioia e la commozione, ma Marcello appariva quasi freddo, disorientato.

Era tornato in famiglia, ma in una casa che non conosceva e nella quale doveva ambientarsi. Entrò anche in cucina, in un colino vide gli ossi utilizzati per il brodo e che avevo separato dalla carne, ne afferrò subito uno e tenendolo con due mani cominciò a roderlo con la voracità di un cane affamato. Gli indicai la carne nel piatto, ma prontamente mi rispose che se lo avesse avuto in lager gli sarebbe bastato per una settimana!

La sera a cena voleva alzarsi da tavola per prendere qualche cosa; allungai una mano verso di lui dicendogli: «Ci penso io!», ma Marcello riparandosi la testa con le mani scivolò sotto il tavolo. Subito dopo cena in modo troppo educato disse soltanto: «Se permettete mi ritiro» e andò subito a letto. Eravamo non solo stupiti, il suo comportamento ci turbò; allora zio Leo commentò: «Avete visto come ha imparato l'educazione all'estero!».

Marcello si addormentò nel suo letto, e poiché faceva caldo, si era passato il lenzuolo tra le gambe. Per quasi tutta la notte lo guardammo dormire, e mai potrò dimenticare la magrezza di quelle gambe e di quelle braccia.

Nella nostra ignoranza di quello che Marcello aveva passato nei campi di sterminio, avevamo immaginato di vivere con gioia e divertimento, addirittura entusiasmo la riunione della nostra famiglia.

Quando era finita la guerra qui in Toscana, e quando tutto era ballo, musica, divertimento, cinema, volontariamente mio fratello Piero ed io ci eravamo negati ogni forma di divertimento; ostinatamente avevamo diviso in tre parti i biscotti e i dolciumi che i soldati inglesi ci regalavano, riponendo in grossi vasi di vetro la parte di Marcello.

Ci sentimmo tenuti a distanza quando la mamma gli chiese se aveva sentito la nostra mancanza e Marcello rispose: «Ho sentito la mancanza della pastasciutta che non avevo!»

Pochi giorni dopo il suo arrivo, Marcello chiese di potersi recare a Poppi, dal suo amico Guido, e il suo desiderio fu esaudito.

Per noi fu un altro colpo!

Quando la mamma ed io andammo a riprenderlo, mentre attraversavo una stanza semibuia di casa Focacci mi sentii prendere alle spalle, e fui abbracciata e baciata in modo quasi esagerato. Era Marcello che gridava: «Tu sei la mia sorella! Tu sei la mia sorella!» Solo allora si era reso veramente conto di essere tornato in famiglia.

Date le sue condizioni di salute andammo un mese in alta collina, vicino a Monghidoro, sulla strada per il passo della Futa. Di lì transitavano le colonne militari che riportavano i prigionieri tedeschi verso nord. Dovevamo stare lungo la via a urlare le parolacce in tedesco che Marcello ci aveva insegnato, e sputare contro i soldati prigionieri quando i camion rallentavano o si fermavano. Io osai esprimere il mio dissenso, dicendo che non mi sembrava molto umano quello che stavamo facendo, ma Marcello mi rispose: «Se volete considerarmi vostro fratello, fate come vi ho chiesto!» e così noi continuammo a inveire e a sputare.

Un'altra cosa che lo faceva star male era sentir parlare tedesco alla radio, quando casualmente cambiavamo stazione. Soffriva veramente!

Noi ci sentivamo riconoscenti verso gli Americani che ci avevano liberato e sfamato, ma Marcello quasi ci rimproverò, dicendo che si erano comportati come i tedeschi, perché dopo la liberazione del campo lo tenevano a stecchetto mentre loro mangiavano quanto volevano! Forse in quel modo gli avevano salvato la vita, ma chi per 11 mesi ha sognato un pasto normale non trovava neppure concepibile un tale atteggiamento.

Poco a poco la vita riprese e tutto sembrò tornare alla normalità.

Marcello non raccontava nulla, noi non chiedevamo nulla, forse illudendoci che avrebbe dimenticato. Impossibile!

Durante una visita di Marcello a Prato, a quel tempo risiedeva già a Castellamonte, gli comunicai che sarei partita per Vienna per accompagnare un gruppo di turisti, e che avremmo fatto anche tappa a Mauthausen.

Fu come dare la stura al fiume dei ricordi; prima di tutto manifestò il desiderio di venire con noi per spiegarci tante cose, e poi dagli angoli della sua memoria riemersero episodi, volti, luoghi in un racconto che pareva inarrestabile!

In quegli anni di silenzio tra di noi avevo letto e sentito tanti racconti di sopravvissuti e avevo preso coscienza di ciò che era stato il sistema concentrazionario nazista, ma mai ne avevamo parlato Marcello ed io.

Ora posso capire il perché del suo comportamento dopo il ritorno a casa, finalmente!

Per parte mia mi impegno, tutte le volte che ciò è possibile, a raccontare a giovani e adulti quanto è potuto accadere alcuni anni fa sul suolo della civilissima Europa, augurandomi che la storia e la memoria possano ammaestrarci e difenderci dai pericoli sempre in agguato nelle nostre moderne e, per certi versi solo apparentemente evolute, società.

Illustrazioni

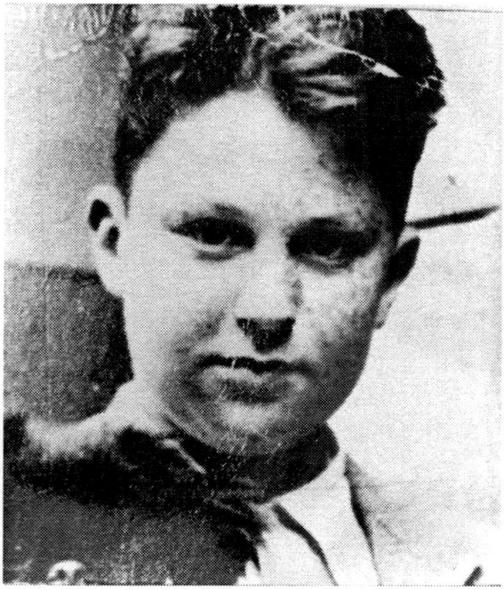

Prima della deportazione.

Alcuni mesi dopo il ritorno a casa.

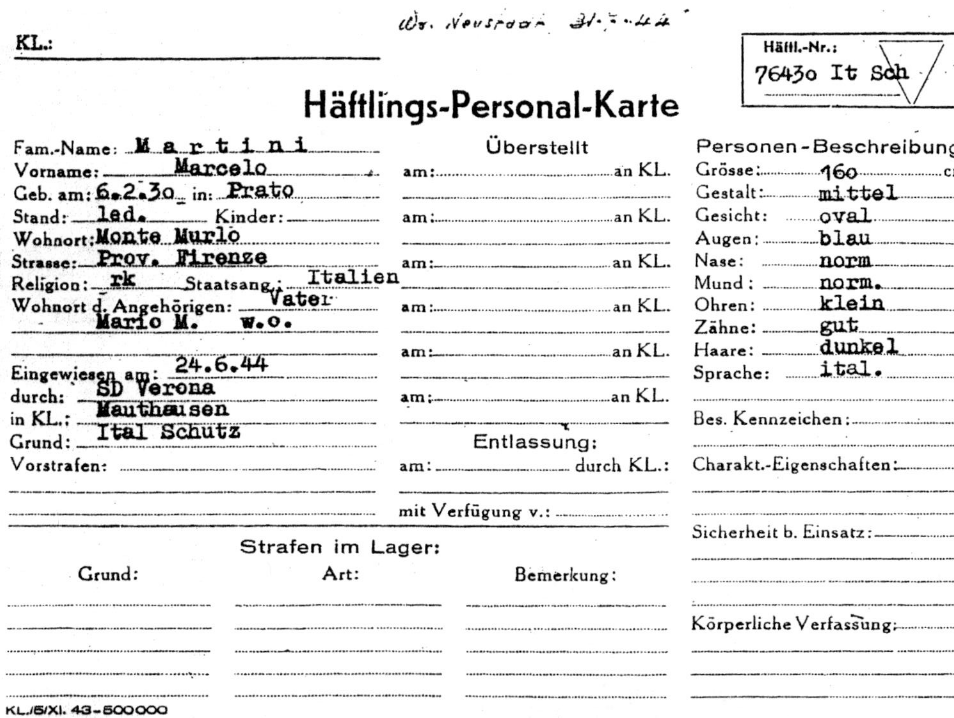

Wr. Neustadt 31.7.44

KL.:

Häftl.-Nr.: 76430 It Sch

Häftlings-Personal-Karte

Fam.-Name: M a r t i n i
Vorname: Marcelo
Geb. am: 6.2.30 in: Prato
Stand: led. Kinder:
Wohnort: Monte Murlo
Strasse: Prov. Firenze
Religion: rk Staatsang.: Italien
Wohnort d. Angehörigen: Vater Mario M. w.o.

Eingewiesen am: 24.6.44
durch: SD Verona
in KL.: Mauthausen
Grund: Ital Schutz
Vorstrafen:

Überstellt
am: an KL.
am: an KL.
am: an KL.
am: an KL.
am: an KL.
am: an KL.

Entlassung:
am: durch KL.:
mit Verfügung v.:

Personen-Beschreibung:
Grösse: 160 cm
Gestalt: mittel
Gesicht: oval
Augen: blau
Nase: norm
Mund: norm.
Ohren: klein
Zähne: gut
Haare: dunkel
Sprache: ital.

Bes. Kennzeichen:
Charakt.-Eigenschaften:
Sicherheit b. Einsatz:
Körperliche Verfassung:

Strafen im Lager:

Grund:	Art:	Bemerkung:

KL./5/XI. 43-500000

Scheda di registrazione a Mauthausen, con data di arrivo a Wiener Neustadt il 31.7.1944 apposta a mano in alto.

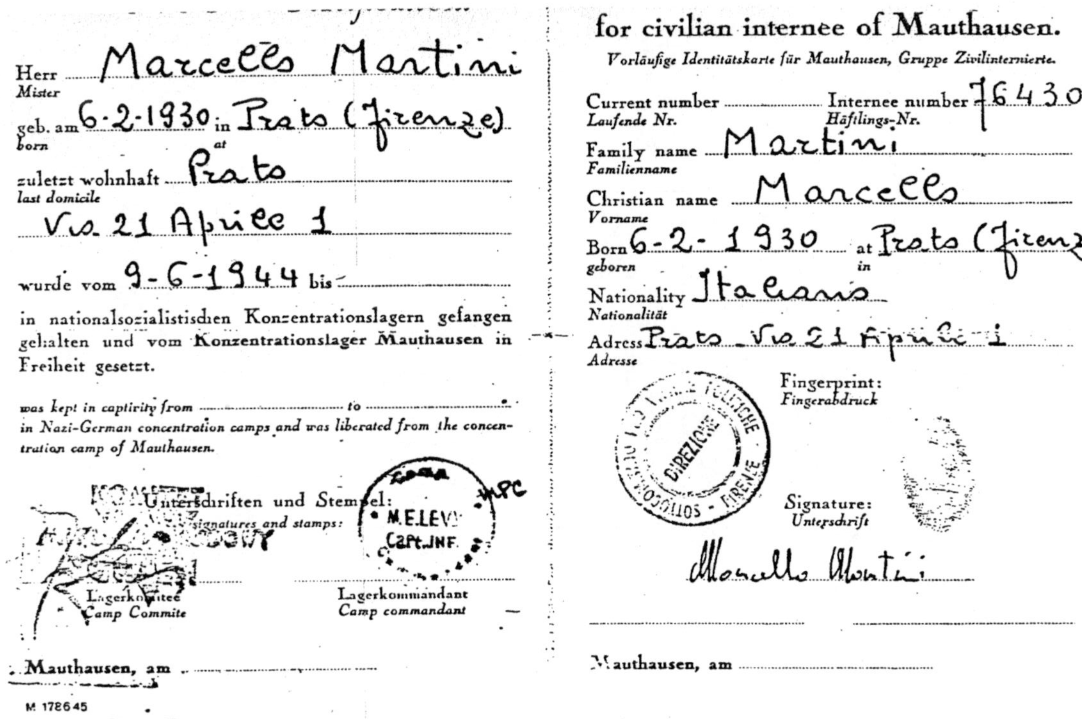
for civilian internee of Mauthausen.

Vorläufige Identitätskarte für Mauthausen, Gruppe Zivilinternierte.

Herr / *Mister* Marcello Martini

geb. am / *born* 6-2-1930 in / *at* Prato (Firenze)

zuletzt wohnhaft / *last domicile* Prato

Via 21 Aprile 1

wurde vom 9-6-1944 bis

in nationalsozialistischen Konzentrationslagern gefangen gehalten und vom Konzentrationslager Mauthausen in Freiheit gesetzt.

was kept in captivity from ... to ...
in Nazi-German concentration camps and was liberated from the concentration camp of Mauthausen.

Unterschriften und Stempel:
signatures and stamps:

M.E.LEVY
Capt.INF.

Lagerkomitee
Camp Commite

Lagerkommandant
Camp commandant

Mauthausen, am

M 178645

Current number / *Laufende Nr.*

Internee number / *Häftlings-Nr.* 76430

Family name / *Familienname* Martini

Christian name / *Vorname* Marcello

Born / *geboren* 6-2-1930 at / *in* Prato (Firenze)

Nationality / *Nationalität* Italiano

Adress / *Adresse* Prato Via 21 Aprile 1

Fingerprint:
Fingerabdruck

DIREZIONE
FIRENZE

Signature:
Unterschrift

Marcello Martini

Mauthausen, am

Certificato bilingue di identificazione rilasciato dopo la liberazione dal Comitato del KZ di Mauthausen e dal comandante del campo, capitano M.E. Levy dell'esercito americano.

Sottocampo di Wiener Neustadt

Pianta degli alloggi dei deportati
situati al 1° piano del capannone della Rax Werke
sopra le cucine.

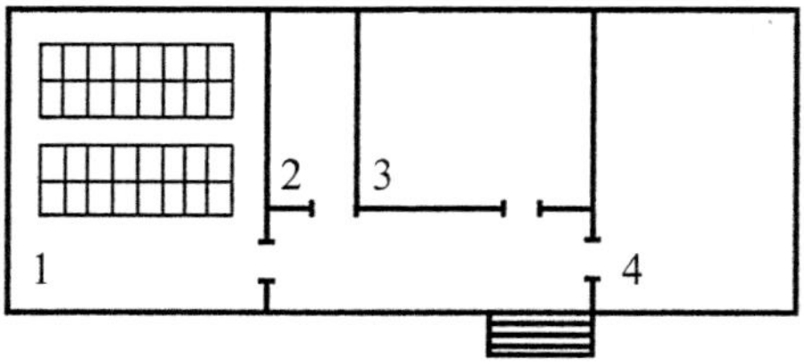

1. Camerata
2. W.C.
3. Alloggi dei Kapos
4. Refettorio

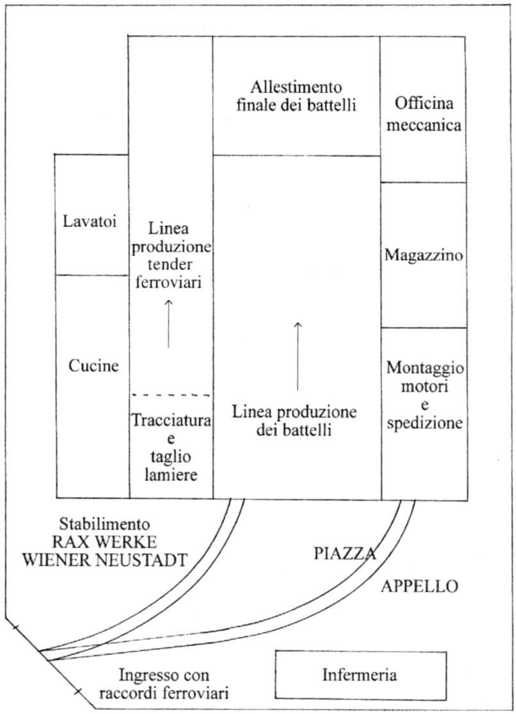

Piante ricostruite in base alle indicazioni di Marcello Martini e di Guido Focacci del sottocampo di Mauthausen situato nel capannone della Rax Werke a Wiener Nuestadt

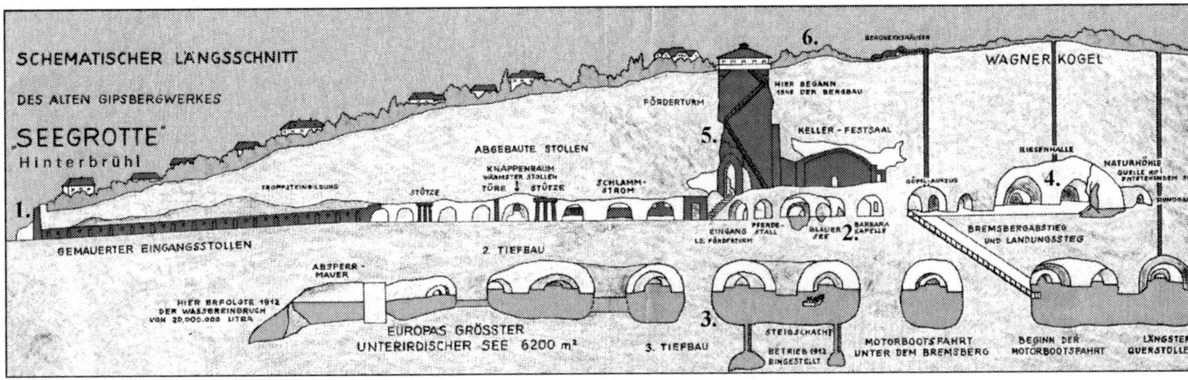

1. Tunnel d’ingresso
2. Cappella
3. Lago sotterraneo
4. Altare commemorativo
5. Pozzo d’accesso (attualmente in disuso)
6. Lager

Sezione della Seegrotte di Hinterbrühl da un dépliant distribuito ai visitatori del più grande lago sotterraneo d’Europa. Sono state inserite indicazioni dell’ubicazione delle strutture della fabbrica sotterranea e dell’ubicazione del lager, posto in superficie nella zona antistante il pozzo di aerazione.

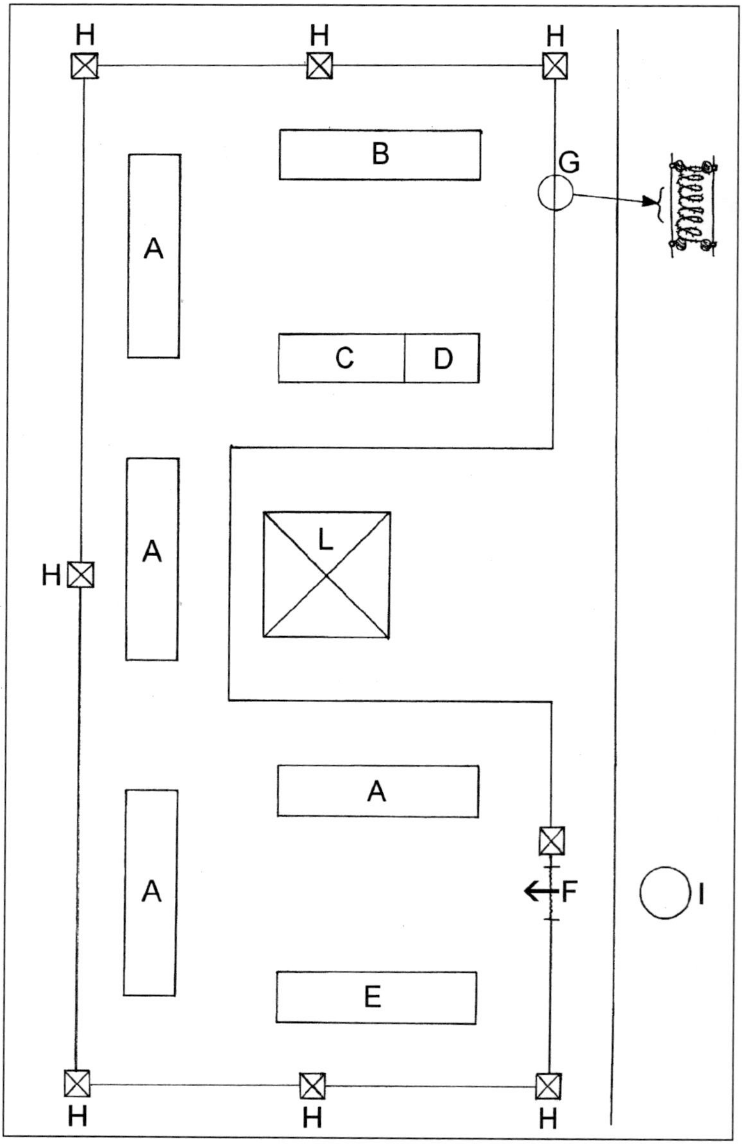

Pianta del campo di Hinterbrühl.

A) Baracche dormitorio. B) Infermeria. C) Magazzino. D) Falegnameria. E) Cucina. F) Ingresso Lager. G) Doppio recinto elettrificato. H) Torrette di sorveglianza armate. I) Pozzo di discesa alla Seegrotte. L) Palazzina comando SS.

Il «caccia del popolo» Heinkel He 162: immagini della sua produzione all'interno della Seegrotte di Hinterbrühl

Jean Courcier, matricola 62208 di Mauthausen

Ricostruzione della Marcia della Morte da Hinterbrühl a Mauthausen di 1500 deportati (1-8 aprile 1945)

Itinerario della marcia secondo la testimonianza di José Borras, matricola 3776 di Mauthausen.

1° aprile	Hinterbrühl – Altenmarkt an der Triesting	28 km	1 ucciso
2 aprile	Altenmarkt an der Triesting – Scheimüht*	31 km	45 uccisi
3 aprile	Schwarzenbach an der Gölsen – Kirchberg am der Pielach	20 km	54 uccisi
4 aprile	Kirchberg am der Pielach – Scheibbs	31 km	23 uccisi
5 aprile	Scheibbs – Sankt Leonhard am Walde	28 km	15 uccisi
6 aprile	Sankt Leonhard am Walde – Strengberg	40 km	42 uccisi
7 aprile	Strengberg – Sankt Valentin	10 km	20 uccisi
8 aprile	Sankt Valentin – Mauthausen	19 km	

* Luogo inesistente, probabilmente riferito alla città di Schwarzenbach

In otto giorni i deportati percorsero 207 chilometri. Almeno 200 di loro furono uccisi lungo la strada.

Dalla testimonianza scritta di Jean Courcier: «Durante l'ultima tappa ci fu almeno una vittima, il mio compagno Gilbert Cosson, morto a 4 o 5 chilometri da Mauthausen per sfinimento. E credo che ci siano state almeno altre tre o quattro vittime, senza contare tutti quelli deceduti per sfinimento dopo l'arrivo al campo principale l'8 aprile 1945».

Tentativo di ricostruzione della Marcia della Morte.

Immagine di una Marcia della Morte.

Durante uno dei Viaggi della Memoria dell'Associazione Canavesena per i Valori della Resistenza, primavera 1999 (foto di Diego Castagna, vicepresidente dell'Associazione).

Con Padre Franz Jansch, custode della memoria di Hinterbrühl, durante la cerimonia al termine della visita alla Seegrotte. Questo coraggioso sacerdote, scomparso nel 2006, con l'aiuto di alcuni concittadini aveva acquistato il terreno dove si trovava l'infermeria del lager e dove il 1° aprile 1945 furono ammazzati 50 deportati ritenuti non in grado di affrontare la marcia di evacuazione (foto di Diego Castagna).

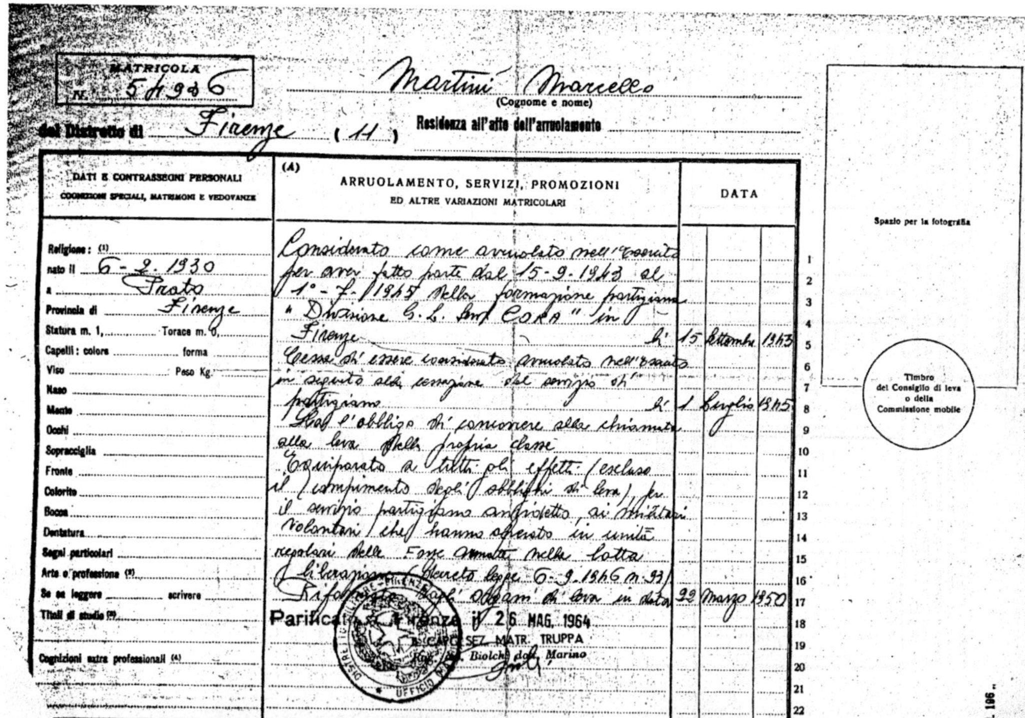

MATRICOLA N. 54936

Martini Marcello
(Cognome e nome)

del Distretto di Firenze (11) Residenza all'atto dell'arruolamento

DATI E CONTRASSEGNI PERSONALI — CONDIZIONI SPECIALI, MATRIMONI E VEDOVANZE	(A) ARRUOLAMENTO, SERVIZI, PROMOZIONI ED ALTRE VARIAZIONI MATRICOLARI	DATA	
Religione: (1)	Considerato come arruolato nell'esercito		1
nato il 6-2-1930	per aver fatto parte dal 15-9-1943 al		2
a Prato	1°-7-1945 della formazione partigiana		3
Provincia di Firenze	"Divisione G.L. Prof CORA" in		4
Statura m. 1, Torace m. 0,	Firenze li	15 Settembre 1943	5
Capelli: colore forma	Cessa di essere considerato arruolato nell'esercito		6
Viso Peso Kg.	in seguito alla cessazione del servizio di		7
Naso	partigiano li	1 Luglio 1945	8
Mento	Dal l'obbligo di rispondere alla chiamata		9
Occhi	alla leva della propria classe		10
Sopracciglia	Equiparato a tutti gli effetti (escluso		11
Fronte	il compimento degli obblighi di leva) per		12
Colorito	il servizio partigiano anzidetto, ai militari		13
Bocca	volontari che hanno operato in unità		14
Dentatura	regolari delle Forze Armate nella lotta		15
Segni particolari	di liberazione (Decreto legge 6-9-1946 n. 93)		16
Arte o professione (2)	Riformato dal' Consiglio di leva in data	22 Marzo 1950	17
Se sa leggere scrivere	Parificato Firenze il 26 MAG. 1964		18
Titoli di studio (3)	IL CAPO SEZ. MATR. TRUPPA		19
	Rag. Biolchi dott. Marino		20
Cognizioni extra professionali (4)			21
			22

Spazio per la fotografia

Timbro del Consiglio di leva o della Commissione mobile

DISTRETTO MILITARE FIRENZE — UFFICIO

Mod. 196

Foglio matricolare del Distretto Militare di Firenze che riconosce ufficialmente a Marcello Martini la qualifica di partigiano combattente nel gruppo di Radio CORA.

Finito di stampare nel dicembre 2010
da ABC Tipografia, Sesto Fiorentino

COLLANA «SCHULIM VOGELMANN»

1. Elie Wiesel, *La notte* (20ª edizione)
2. Claudine Vegh, *Non gli ho detto arrivederci* (2ª edizione)
3. Elie Wiesel, *Il testamento di un poeta ebreo assassinato* (3ª edizione)
4. Elie Wiesel, *Il processo di Shamgorod* (4ª edizione)
5. Helen Epstein, *Figli dell'Olocausto* (esaurito)
6. Elie Wiesel, *L'ebreo errante* (5ª edizione)
7. Walter Laqueur, *Il terribile segreto* (2ª edizione)
8. Elie Wiesel, *Il quinto figlio* (2ª edizione)
9. *Memorie di Glückel Hameln*
10. Else Lasker-Schüler, *Ballate ebraiche e altre poesie* (2ª edizione)
11. Franz Werfel, *Cecilia o i vincitori*
12. Lorenzo Cremonesi, *Le origini del sionismo e la nascita del kibbutz* (2ª edizione)
13. Vladimir Jankélévitch, *La coscienza ebraica* (2ª edizione)
14. Liana Millu, *Il fumo di Birkenau* (12ª edizione)
15. Elie Wiesel, *Credere o non credere* (2ª edizione)
16. Vladimir Jankélévitch, *Perdonare?* (2ª edizione)
17. Abraham B. Yehoshua, *Il poeta continua a tacere* (esaurito)
18. Giuliana Tedeschi, *C'è un punto della terra...* (3ª edizione)
19. Elie Wiesel, *Cinque figure bibliche* (2ª edizione)
20. George L. Mosse, *Il dialogo ebraico-tedesco* (2ª edizione)
21. Leslie A. Fiedler, *L'ultimo ebreo in America*
22. Jona Oberski, *Anni d'infanzia* (9ª edizione)
23. Elie Wiesel, *La città della fortuna*
24. Jakob Hessing, *La maledizione del profeta*
25. Abraham B. Yehoshua, *Elogio della normalità* (2ª edizione)
26. George L. Mosse, *Ebrei in Germania fra assimilazione e antisemitismo*
27. Hugh Nissenson, *L'elefante e la mia questione ebraica*
28. Rivkah Schärf Kluger, *Psiche e Bibbia*
29. Józef Hen, *L'occhio di Dayan*
30. Jean Baumgarten, *Lo yiddish* (2ª edizione)
31. Jacob Neusner, *I fondamenti del giudaismo*
32. David Vital, *Il futuro degli ebrei*
33. Siegmund Hurwitz, *Psiche e redenzione*
34. Alter Kacyzne, *L'opera dell'ebreo*
35. Hanna Krall, *Ipnosi e altre storie*
36. Else Lasker-Schüler, *La Terra degli Ebrei*
37. Giacoma Limentani, *Nachman racconta*
38. Fausto Coen, *16 ottobre 1943* (3ª edizione)
39. Karl E. Grözinger, *Kafka e la Cabbalà*
40. Józef Hen, *Via Nowolipie*

41. J. Riemer - G. Dreifuss, *Abramo: l'uomo e il simbolo*
42. Mireille Hadas-Lebel, *Storia della lingua ebraica*
43. Ernest Gugenheim, *L'ebraismo nella vita quotidiana* (3ª edizione)
44. Henryk Grynberg, *Ritratti di famiglia*
45. L. Kushner, *In questo luogo c'era Dio e io non lo sapevo*
46. Shemuel Y. Agnon, *Le storie del Baal Shem Tov*
47. Yitzhak Katzenelson, *Il canto del popolo ebraico massacrato* (2ª ed.)
48. Hertha Feiner, *Mie carissime bambine*
49. Hanna Krall, *La festa non è la vostra*
50. Roland Goetschel, *La Cabbalà*
51. Friedrich G. Friedmann, *Da Cohen a Benjamin*
52. Shemuel Y. Agnon, *Racconti di Kippur*
53. Viktor E. Frankl, *Sincronizzazione a Birkenwald*
54. Irène Némirovsky, *Un bambino prodigio* (2ª edizione)
55. Günther Anders, *Noi figli di Eichmann* (2ª edizione)
56. Yossel Birstein, *Il cappotto del principe*
57. Gustav Dreifuss, *Maschio e femmina li creò*
58. Bruce Jay Friedman, *Stern*
59. Aryeh Kaplan, *La meditazione ebraica*
60. Carl Friedman, *Come siamo fortunati*
61. Amos Luzzatto, *Una lettura ebraica del Cantico dei Cantici*
62. Igal Sarna, *Fino alla morte*
63. Erika Mann, *La scuola dei barbari*
64. Hanna Krall, *Il dibbuk e altre storie*
65. Daniel Horowitz, *Lo zio Arturo*
66. Maurice-Ruben Hayoun, *La liturgia ebraica*
67. Julien Bauer, *Breve storia del chassidismo*
68. Igal Sarna, *L'altra Israele*
69. Ben-Ami, *Il cantore della sinagoga*
70. Bruno Pedretti, *Charlotte. La morte e la fanciulla*
71. Joseph B. Soloveitchik, *Riflessioni sull'ebraismo*
72. Victor Klemperer, *LTI. La lingua del Terzo Reich*
73. Yeshayahu Leibowitz, *Lezioni sulle «Massime dei Padri» e su Maimonide*
74. Yehoshua Bar-Yosef, *Il mio amato*
75. Chaja Polak, *Sonata d'estate*
76. Margarete Susman, *Il Libro di Giobbe e il destino del popolo ebraico*
77. Arturo Schwarz, *Cabbalà e Alchimia*
78. David Banon, *Il messianismo*
79. Chaja Polak, *L'altro padre*
80. Stéphane Mosès, *L'Eros e la Legge*
81. Marga Minco, *Erbe amare*
82. Martin Buber, *La modernità della Parola*
83. Franz Rosenzweig, *Ebraismo, Bildung e filosofia della vita*

84. Adin Steinsaltz, *La rosa dai tredici petali*
85. David Weiss Halivni, *Restaurare la Rivelazione*
86. Hermann Cohen, *La fede d'Israele è la speranza*
87. Ivan Ivanji, *La creatura di cenere di Buchenwald*
88. Friedrich G. Friedmann, *Hannah Arendt*
89. Steven Aschheim, *G. Scholem, H. Arendt, V. Klemperer*
90. Carl Friedman, *L'amante bigio*
91. Yeshayahu Leibowitz, *La fede ebraica*
92. Ida Fink, *Il viaggio*
93. Laurent Cohen, *Il re David*
94. Aharon Appelfeld, *Storia di una vita*
95. Catherine Chalier, *Le Matriarche*
96. Danilo Sacchi, *Fossoli: transito per Auschwitz*
97. Grigorij Šur, *Gli ebrei di Vilna*
98. Wolfgang Koeppen, *La tana di fango*
99. Marga Minco, *Una casa vuota*
100. Arthur Green, *Queste sono le parole*
101. Ida Fink, *Frammenti di tempo*
102. Michael Fishbane, *Il bacio di Dio*
103. Yehuda Gur-Arye, *Vetro di Hebron*
104. Sophie Nezri-Dufour, *Primo Levi: una memoria ebraica del Novecento*
105. Isak Samokovlija, *Samuel il facchino*
106. Aharon Appelfeld, *Tutto ciò che ho amato*
107. Martin Buber, *Daniel. Cinque dialoghi estatici*
108. Chayyim N. Bialik, *La tromba e altri racconti*
109. Philippe Haddad, *L'ebraismo spiegato ai miei amici* (2ª edizione)
110. Isaac Goldemberg, *Il nome del padre*
111. Ida Fink, *Tracce*
112. Leo Strauss, *Filosofia e Legge*
113. Lotte Paepcke, *Il mio piccolo padre ebreo*
114. Sima Vaisman, *L'inferno sulla terra*
115. Aharon Appelfeld, *Notte dopo notte*
116. Avraham Heffner, *Come Abelardo, come Eloisa*
117. Leo Baeck, *Il Vangelo: un documento ebraico*
118. *Qohelet Rabbah. Midraš sul Libro dell'Ecclesiaste*
119. Chaja Polak, *Oltre il confine*
120. Adin Steinsaltz, *Cos'è il Talmud*
121. Michał Głowiński, *Tempi bui*
122. André Neher, *Faust e il Golem*
123. Richard Beer-Hofmann, *Il sogno di Giacobbe*
124. Rami Shapiro, *Un silenzio straordinario*
125. Gershom Scholem, *Tre discorsi sull'ebraismo*
126. André Neher, *Geremia*
127. Anna Maria Jokl, *Il colore madreperla*

128. Liana Millu, *Tagebuch*
129. Jakob Wassermann, *Il mio cammino di tedesco e di ebreo*
130. Giuseppe Laras, *Storia del pensiero ebraico nell'età antica*
131. Piotr Rawicz, *Il sangue del cielo*
132. Josef Burg, *La canzone dimenticata*
133. Jacob Golomb, *Nietzsche e Sion*
134. Hanna Krall, *La linea della vita*
135. Sylviane Roche, *Addio al tempo delle ciliegie*
136. Ceija Stojka, *Forse sogno di vivere*
137. Elie Wiesel, *Personaggi biblici attraverso il Midrash*
138. Marga Minco, *Giorni alle spalle*
139. Sabina Berman, *La bobe*
140. Sherri Mandell, *La benedizione di un cuore spezzato*
141. Icchokas Meras, *Scacco perpetuo*
142. Fritz Heymann, *Morte o battesimo*